福建省服務海西重大研究項目、國家社科基金重大項目子課題

馬重奇◎主編

《八音定訣》
·整理及研究·

馬重奇　王進安◎編著
葉開溫◎原著

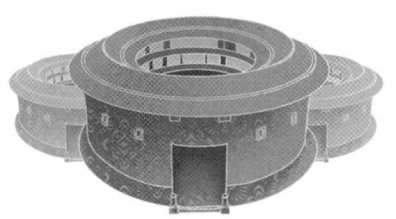

中國社會科學出版社

圖書在版編目（CIP）數據

《八音定訣》整理及研究／馬重奇，王進安編著．—北京：中國社會科學出版社，2022.4

（清代民初閩方言韻書整理及研究叢書）

ISBN 978-7-5203-9882-4

Ⅰ.①八⋯　Ⅱ.①馬⋯②王⋯　Ⅲ.①閩北話—韻書—研究　Ⅳ.①H177.1

中國版本圖書館 CIP 數據核字（2022）第 040850 號

出 版 人	趙劍英
責任編輯	張　林
責任校對	周曉東
責任印製	戴　寬

出　　版	中國社會科學出版社
社　　址	北京鼓樓西大街甲 158 號
郵　　編	100720
網　　址	http://www.csspw.cn
發 行 部	010-84083685
門 市 部	010-84029450
經　　銷	新華書店及其他書店

印刷裝訂	北京明恒達印務有限公司
版　　次	2022 年 4 月第 1 版
印　　次	2022 年 4 月第 1 次印刷

開　　本	710×1000　1/16
印　　張	20.5
插　　頁	2
字　　數	340 千字
定　　價	126.00 元

凡購買中國社會科學出版社圖書，如有質量問題請與本社營銷中心聯繫調換
電話：010-84083683
版權所有　侵權必究

總　序

馬重奇

一　中國古代韻書源流與發展概述

　　古人把傳統語言學叫做"小學"。漢代稱文字學為"小學"，因兒童入小學先學文字，故名。隋唐以後，範圍擴大，成為"文字學""音韻學"和"訓詁學"的總稱。至清末，章炳麟認為小學之名不確切，主張改稱"語言文字之學"。現在統稱為"漢語研究"。傳統的語言學以研究古代文獻和書面語為主。

　　漢語音韻學研究也有一個產生、發展、改革的過程。早在先秦兩漢時期就有關於字詞讀音的記載。主要有以下諸類：（1）譬況注音法：有急言、緩言、長言、短言、内言、外言等。它們都是大致描繪的發音方法，卻很難根據它準確地發出當時的音來，更無法根據它歸納出當時的音系。（2）直音法：隨著漢代經學的產生和發展，注釋家們在為先秦典籍下注解時開始使用"直音"法。這是以一個比較常用的字給另一個同音字注音的方法。直音法的優點是簡單明瞭，一看就懂，也克服了譬況注音法讀音不確的弊病，但自身也有很大局限性。（3）讀若，讀如：東漢許慎在《說文解字》中廣泛應用的"讀若"，就是從直音法發展而來的。"讀若"也叫"讀如"，主要用於注音。用讀若時，一般用一個常見的字進行解釋，有時常常引用一段熟悉的詩文，以該字在這段詩文中的讀音來注音。（4）反切法：真正的字音分析產生於東漢末年，以反切注音法的出現為標誌。反切就是利用雙聲、疊韻的方法，用兩個漢字來拼另一個字的讀音。這是古人在直音、讀若基礎上進一步創造出來的注音方法。反切是用兩個字拼合成另一個字的音，其反切上字與所切之字聲母相同，反切下字與所切之字韻母和聲調相同。即上字取聲，下字取韻和調。自從反切出現之後，古人注釋經籍字音，便以它為主要手段。編撰韻書，也大量使用反切。

四聲的發現與歸納，對韻書的產生與發展也起著極為重要的作用。據《南齊書·陸厥傳》記載："永明末盛為文章，吳興沈約、陳郡謝朓、琅邪王融，以氣類相推轂。汝南周顒，善識聲韻。約等文皆用宮商，以平、上、去、入為四聲，以此制韻，不可增減，世呼為永明體。"《梁書·庾肩吾傳》："齊永明中，文士王融、謝朓、沈約文章始用四聲，以為新變，至是轉拘聲韻，彌尚麗靡，複逾於往時。"四聲的發現與歸納以及反切注音法的廣泛應用，成為古代韻書得以產生的基礎條件。

古代韻書的出現，標誌著音韻學真正從注釋學中脫胎出來成為一門獨立的學科。據考證，我國最早的韻書是三國時魏國李登所撰的《聲類》。在隋朝陸法言《切韻》以前，就有許多韻書出現。據《切韻·序》中說："呂靜《韻集》、夏侯詠《韻略》、陽休之《韻略》、周思言《音韻》、李季節《音譜》、杜台卿《韻略》等，各有乖互。"《隋書·經籍志》中也提到：《四聲韻林》二十八卷，張諒撰；《四聲韻略》十三卷，夏侯詠撰，等等。遺憾的是，這些韻書至今都蕩然無存，無法窺其真況。總之，韻書的製作到了南北朝的後期，已是空前鼎盛，進入"音韻鋒出"的時代。這些韻書的產生，為《切韻》的出現奠定了很好的基礎和條件。隋代出現的對後世影響最大的陸法言《切韻》則是早期漢語音韻學的集大成之作。爾後，唐宋時人紛紛在它的基礎上加以增補刊削，有的補充若干材料，分立一些韻部，有的增加字數，加詳注解，編為新的韻書。其中最著名的有唐王仁昫所撰的《刊謬補缺切韻》，孫愐所撰的《唐韻》，李舟所撰的《切韻》以及宋代官修的《廣韻》《集韻》等一系列韻書。這些韻書對韻的分析日趨精密，尤其是《廣韻》成為魏晉南北朝隋唐時期韻書的集大成著作。以上所介紹的韻書都是反映中古時期的韻書，它們在中國音韻學史上的貢獻是巨大的，影響也是非常深遠的。

唐末和尚守溫是我國古代最初使用字母來代表聲母的人。他按照雙聲字聲母讀音相同的原則，從所有漢字字音中歸納出三十個不同的聲母，並用漢字給它們一一標目，這就是《敦煌綴瑣》下輯錄守溫"三十字母"。這"三十字母"經過宋人的整理增益，成為後代通行的"三十六字母"。

唐宋三十六字母的產生導致了等韻學的產生和發展。等韻學是漢語音韻學的一個分科。它以漢語的聲韻調系統及其互相配合關係為研究對像，而以編制等韻圖作為表現其語音系統的手段，從而探求漢語的發音原理和發音方法。宋元時期的重要等韻圖大致可以分為兩大類：第一類是反映《切韻》音系的韻圖，如南宋福建福州人張麟之刊行的宋佚名的《韻鏡》，福建莆田人鄭樵撰的《七音略》，都是根據《切韻》中的小韻列為43圖，每個小韻的代表字在韻圖中各佔有一個位置；第二類是按當時的實際語音對《切韻》語音系統進行了調整，如託名宋司馬光的《切韻指掌圖》，佚名的《四聲等子》，元劉鑒的《經史正音切韻指南》，均不再按韻書中的小韻列圖，只列20個韻圖或24個韻圖。

明清時期的等韻學與宋元等韻學一脈相承，其理論基礎、基本原則和研究手段都是從宋元等韻學發展而來，二者聯繫密切。然而，明清時期的韻圖，已逐漸改變了宋元時期韻圖的型制。其表現為兩個方面：一則由於受到理學思想以及外來語音學原理對等韻的影響；二則由於語音的不斷發展變化影響到韻圖編制的內容和格式。根據李新魁《漢語音韻學》考證，明清時期的韻圖可以分為五種類型：一是以反映明清時代的讀書音系統為主的韻圖，它們略帶保守性，保存前代的語音特點較多。如：明袁子讓《字學元元》、葉秉敬《韻表》、無名氏《韻法直圖》、李嘉紹《韻法橫圖》、章黼《韻學集成》和清李光地、王蘭生《音韻闡微韻譜》，樊騰鳳《五方母音》等。二是以表現當時口語的標準音——中原地區共同語標準音為主，它們比較接近現代共同語的語音。如：明桑紹良《青郊雜著》、呂坤《交泰韻》、喬中和《元韻譜》、方以智《切韻聲原》和無名氏《字母切韻要法》等。三是在表現共同語音的基礎上，加上"音有定數定位"的觀念，在實際的音類之外，添上一些讀音的虛位，表現了統包各類讀音的"語音骨架"。如：明末清初馬自援《等音》、清林本裕《聲位》、趙紹箕《拙庵韻語》、潘耒《類音》、勞乃宣《等韻一得》等。四是表現各地方音的韻圖，有的反映北方話的讀法。如：明徐孝《重司馬溫公等韻圖經》、明代來華傳教的法國人金尼閣（Nieolas Trigault）《西儒耳目資》、張祥晉《七音譜》等；有的顯示南方方言的語音，如：陸稼書《等韻便讀》、清吳烺《五聲反切正韻》、程定謨《射聲小譜》、晉安《戚林八音》、黃謙《彙音妙悟》、廖綸璣《拍掌知音》、無名氏《擊掌知音》、謝秀嵐《雅俗通十五音》、張世珍《潮聲十五音》等。五是表現宋元時期韻書的音系的，它們是屬於"述古"的韻圖。如：無名氏《等韻切音指南》、江永《四聲切韻表》、龐大堃《等韻輯略》、梁僧寶《切韻求蒙》等①。

　　古音學研究也是漢語音韻學研究中的一個重要內容。它主要是研究周秦兩漢語音系統的學問。嚴格地說是研究以《詩經》為代表的上古語音系統的學問。我國早在漢代就有人談到古音。但古音學的真正建立是從宋代開始的。吳棫撰《韻補》，創"古韻通轉"之說；程迥著《古韻通式》，主張"三聲通用，雙聲互轉"；鄭庠撰《古音辨》，分古韻為六部。明代陳第（福建連江人）撰《毛詩古音考·序》提出"時有古今，地有南北，字有更革，音有轉移"的理論，為清代古音學的建立奠定了理論基礎。到了清代，古音學達到全盛時期。主要的古音學家和著作有：顧炎武《音學五書》、江永《古韻標準》、戴震《聲韻考》和《聲類表》、段玉裁《六書音韻表》、孔廣森《詩聲類》、王念孫《合韻譜》、嚴可均《說文聲類》、江有誥《音學十書》、朱駿聲《說文通訓定聲》等。

　　音韻學還有一個分支，那就是"北音學"。北音學主要研究以元曲和《中原音韻》為代表的近代北方話語音系統。有關北音的韻書還有元人朱宗文的《蒙古字韻》、卓從之的《中州樂府音韻匯通》，明人朱權的《瓊林雅韻》、無名氏的《菉斐軒詞林要韻》、王文璧的《中州音韻》、范善臻的《中州全韻》，清人王鵕的《中州全韻輯要》、沈乘麐的《曲韻驪珠》、周昂的《增訂中州全韻》等。

二　福建近代音韻學研究概述

　　從永嘉之亂前至明清，中原人士陸續入閩定居，帶來了許多中原的文化。宋南渡之後，大批北方著名人士蜂擁而來，也有不少閩人北上訪學，也將中原文化帶回閩地。如理學開創者周敦頤、張載、程顥、程頤、邵雍等都在北方中原一帶，不少閩人投其門下，深受其影響。如崇安人遊酢、

---

①　李新魁：《漢語等韻學》，中華書局2004年版。

將樂人楊時曾受業于二程。他們返回閩地後大力傳播理學，後被南宋朱熹改造發揚為"閩學"。

自宋迄清時期，福建在政治、思想、文化、經濟等均得到迅速發展。就古代"小學"（包括音韻、文字、訓詁）而言，就湧現出許許多多的專家和著作。宋朝時期，福建音韻學研究成果很多。如北宋邵武黃伯思的《古文韻》，永泰黃邦俊的《纂韻譜》，武夷山吳棫的《韻補》《毛詩補音》《楚辭釋音》，莆田鄭樵的《七音略》；南宋建陽蔡淵的《古易叶音》，泉州陳知柔的《詩聲譜》，莆田劉孟容的《修校韻略》，福州張鱗之刊行的《韻鏡》等。元明時期音韻學研究成果也不少，如元朝邵武黃公紹的《古今韻會》，邵武熊忠的《古今韻會舉要》《禮部韻略七音三十六母通考》；明朝連江陳第的《毛詩古音考》《屈宋古音義》《讀詩拙言》，晉江黃景昉的《叠韻譜》，林霍的《雙聲譜》，福清林茂槐的《音韻訂訛》等。清代音韻學研究成果十分豐碩。如安溪李光地的《欽定音韻闡微》《音韻闡微韻譜》《榕村韻書》《韻箋》《等韻便覽》《等韻辨疑》《字音圖說》，閩侯潘逢禧的《正音通俗表》，曹雲從的《字韻同音辨解》，光澤高澍然的《詩音十五卷》，閩侯陳壽祺的《越語古音證》，閩侯方邁的《古今通韻輯要》，晉江富中炎的《韻法指南》《等韻》，惠安孫經世的《韻學溯源》《詩韻訂》，王之珂的《占畢韻學》等。

以上韻書涉及上古音、中古音、近代音、等韻學，為我國漢語音韻學史作出了巨大貢獻，影響也是很大的。

三 閩台方言韻書說略

明清時期的方言學家們根據福建不同方言區的語音系統，編撰出許許多多的便於廣大民眾學習的方言韻書。有閩東方言韻書、閩北方言韻書、閩南方言韻書、潮汕方言韻書、臺灣閩南方言韻書以及外國傳教士編撰的方言字典、詞典等。

閩東方言韻書有：明末福州戚繼光編的《戚參軍八音字義便覽》（明末）、福州林碧山的《珠玉同聲》（清初）、晉安彙集的《戚林八音》（1749）、古田鐘德明的《加訂美全八音》（1906），福安陸求藻《安腔八音》（十八世紀末）、鄭宜光《簡易識字七音字彙》（清末民初）等。

閩北方言韻書有：政和明正德年間陳相手抄本《六音字典》（1515）和清朝光緒年間陳家箖手抄本《六音字典》（1894）；建甌林瑞材的《建州八音字義便覽》（1795）等。

閩南方言韻書有：連陽廖綸璣的《拍掌知音》（康熙年間）、泉州黃謙的《彙音妙悟》（1800，泉州音）、漳州謝秀嵐的《彙集雅俗通十五音》（1818）、無名氏的《增補彙音》（1820）、長泰無名氏的《渡江書十五音》（不詳）、葉開恩的《八音定訣》（1894）、無名氏《擊掌知音》（不詳，兼漳泉二腔）。

潮汕方言韻書有：張世珍的《潮聲十五音》（1907）、江夏懋亭氏的《擊木知音》（全名《彙集雅俗十五音全本》，1915）、蔣儒林《潮語十五音》（1921）、潮安蕭雲屏編的《潮語十五音》（1923）、潘載和《潮汕檢音字表》（1933）、澄海姚弗如改編的《潮聲十七音》（1934）、劉繹如改編的《潮聲十八音》（1936）、鳴平編著蕭穆改編《潮汕十五音》（1938）、李新魁的《新編潮汕方言十八音》（1975）等。

大陸閩方言韻書對臺灣產生重大影響。臺灣語言學家們模仿大陸閩方言韻書的內容和形式，結合臺灣閩南方言概況編撰新的十五音。反映臺灣閩南方言的韻書主要有：臺灣現存最早的方言韻書為臺灣總督府民政局學務部編撰的《臺灣十五音字母詳解》（1895，臺灣）和《訂正臺灣十五音字母詳解》（1901，臺灣）等。

以上論著均為反映閩方言的韻書和辭書。其數目之多可以說居全國首位。其種類多的原因，與閩方言特別複雜有著直接的關係。

四　閩方言主要韻書的整理及其研究

福建師範大學漢語言文字學專業是2000年國務院學位委員會審批的二級學科博士學位授權點，也是2008年福建省第三批省級重點學科。2009年，該學科學科帶頭人馬重奇教授主持了福建省服務海西重大研究項目"海峽西岸瀕危語言學文獻及資料的挖掘、整理與研究"。經過多年的收集、整理和研究，擬分為兩個專題組織出版：一是由馬重奇教授主編的"清代民初閩方言韻書整理及研究"叢書；二是由林志強教授主編的

"閩籍學者的文字學著作研究"叢書。2010年馬重奇教授又主持了國家社科基金重大招標項目"海峽兩岸閩南方言動態比較研究",也把閩方言韻書整理與研究作為子課題之一。

"清代民初閩方言韻書整理及研究"叢書的目錄如下:1.《〈增補彙音妙悟〉〈拍掌知音〉整理及研究》;2.《〈彙集雅俗通十五音〉整理及研究》;3.《〈增補彙音〉整理及研究》;4.《〈渡江書十五音〉整理及研究》;5.《〈八音定訣〉整理及研究》;6.《〈潮聲十五音〉整理及研究》;7.《〈潮語十五音〉整理及研究》;8.《〈潮聲十七音〉整理及研究》;9.《〈擊木知音〉整理及研究》;10.《〈安腔八音〉整理及研究》;11.《〈加訂美全八音〉整理及研究》;12.《〈建州八音字義便覽〉整理及研究》。

關於每部韻書的整理,我們的原則是:

1. 每本新編閩方言韻書,均根據相關的古版本以及學術界相關的研究成果進行校勘和校正。

2. 每本方言韻書均以原韻書為底本進行整理,凡韻書編排較亂者,根據韻字的音韻學地位重新編排。

3. 韻書有字有音而無釋義者,根據有關工具書補充字義。

4. 凡是錯字、錯句或錯段者,整理者直接改之。

5. 通過整理,以最好的閩方言韻書呈現於廣大讀者的面前,以滿足讀者和研究者學習的需要。

至於每部韻書的研究,我們的原則是:

1. 介紹每部韻書的作者、成書時間、時代背景、各種版本。

2. 介紹每部韻書在海內外學術界的研究動態。

3. 研究每部韻書的聲韻調系統,既做共時的比較也做歷時的比較,考證出音系、音值。

4. 考證出每部韻書的音系性質以及在中國方音史上的地位和影響。

"清代民初閩方言韻書整理及研究"叢書的順利出版,首先要感謝福建省人民政府對"福建省服務海西重大研究項目'海峽西岸瀕危語言學文獻及資料的挖掘、整理與研究'"經費上的支持!我們還要特別感謝中國社會科學出版社張林編審的鼎立支持!感謝她為本套叢書的編輯、校對、出版所付出的辛勤勞動!

在本書撰寫過程中，著者們吸收了學術界許多研究成果，書後參考書目中已一一列出，這裡不再一一說明，在此一併表示感謝！然而，由於著者水準所限，書中的錯誤在所難免，望學術界的朋友們多加批評指正。

2021 年 5 月於福州倉山書香門第

目　　錄

《八音定訣》與廈門方言音系 …………………………… 馬重奇（1）
　一　《八音定訣》音系研究 ……………………………………（1）
　二　《八音定訣》與現代廈門、同安、金門方言音系歷史
　　　比較研究 …………………………………………………（28）
新編《八音定訣》 ………………………… 馬重奇　王進安（35）
　1. 春部 ………………………………………………………（39）
　2. 朝部 ………………………………………………………（48）
　3. 丹部 ………………………………………………………（57）
　4. 花部 ………………………………………………………（65）
　5. 開部 ………………………………………………………（69）
　6. 香部 ………………………………………………………（75）
　7. 輝部 ………………………………………………………（84）
　8. 佳部 ………………………………………………………（93）
　9. 賓部 ………………………………………………………（99）
　10. 遮部 ……………………………………………………（106）
　11. 川部 ……………………………………………………（112）
　12. 西部 ……………………………………………………（121）
　13. 江部 ……………………………………………………（130）
　14. 邊部 ……………………………………………………（139）
　15. 秋部 ……………………………………………………（148）
　16. 深部 ……………………………………………………（156）
　17. 詩部 ……………………………………………………（163）
　18. 書部 ……………………………………………………（172）

19. 多部 …………………………………………………………（179）
20. 湛部 …………………………………………………………（188）
21. 杯部 …………………………………………………………（195）
22. 孤部 …………………………………………………………（202）
23. 燈部 …………………………………………………………（211）
24. 須部 …………………………………………………………（220）
25. 添部 …………………………………………………………（227）
26. 風部 …………………………………………………………（233）
27. 敲部 …………………………………………………………（243）
28. 歪部 …………………………………………………………（248）
29. 不部 …………………………………………………………（253）
30. 梅部 …………………………………………………………（257）
31. 樂部 …………………………………………………………（262）
32. 毛部 …………………………………………………………（266）
33. 京部 …………………………………………………………（271）
34. 山部 …………………………………………………………（275）
35. 燒部 …………………………………………………………（280）
36. 莊部 …………………………………………………………（284）
37. 三部 …………………………………………………………（289）
38. 千部 …………………………………………………………（293）
39. 槍部 …………………………………………………………（298）
40. 青部 …………………………………………………………（302）
41. 飛部 …………………………………………………………（307）
42. 超部 …………………………………………………………（311）

《八音定訣》與廈門方言音系

馬重奇

一 《八音定訣》音系研究

（一）《八音定訣》的作者、成書時間、序及其音系

《八音定訣》，全稱《八音定訣全集》，清代葉開溫編，書前有"覺夢氏"光緒二十年（1894）甲午端月作的序。此二人的籍貫、生平事蹟不詳。據序言考知，此乃反映閩南方言的韻書。

《八音定訣》書首有"覺夢氏"作序，序云：

　　文字之設由來久矣。自古結繩為政至倉頡沮誦，兩聖人始制文字以便民用。然其間字數甚繁，字義甚奧，不特行商坐賈之人茫然罔覺，即舉業者亦難盡識。其後《字彙》一出，音釋雖明，猶未全備。迨聖祖仁皇帝《康熙字典》出，音釋既明，字義又正，而後天下無疑難之虞也。雖然《康熙字典》固天下第一要書，其中反切之音實未易辨，商賈之人亦用不及。惟十五音最便商賈之用，倘有字不識，或人名或器物一呼便知，誠商賈之金丹也。書坊刻本字義既繁帙數尤多而且一字一音欲識何字本中難於翻尋。葉君開溫近得鈔本，將十五音之中刪繁就簡，彙為八音，訂作一本，題曰《八音定訣》，商賈之人尤為簡便，不但舟車便於攜帶，而且尋字一目可以了然。葉君不敢私為秘寶，欲行剞劂，公諸同好囑序於余，余不敢以不文辭爰掇數語，以應葉君之盛意焉。爾是為序。光緒二十年甲午端月，覺夢氏書。

序言首先回顧倉頡、沮誦始制文字，但由於"字數甚繁""字義甚奧",不只商人"茫然罔覺",就是畢業者"亦難盡識"。序言又言及《字彙》和《康熙字典》雖在注音、釋義方面比前者高明,但仍有其不足之處。唯獨傳統十五音,最便於商人之用,但也有缺點。因此,葉君開溫著《八音定訣》,對十五音"刪繁就簡","尤為簡便"。這是覺夢氏為該書作序的主要內容。

《八音定訣》書首有"字母法式",記載了該書42個字母:

春朝丹花開香輝佳賓遮　川西江邊秋深詩書多湛
杯孤燈須添風敲歪不梅　樂毛京山燒莊三千槍青　飛超

另有"十五音字母",記載了該書15音:

柳邊求氣地頗他曾入時英文語出喜

《八音定訣》的編排體例基本上採用泉州方言韻書《彙音妙悟》的編排體例,每個韻部之上橫列15個聲母字(柳邊求氣地頗他曾入時英文語出喜),每個聲母之下縱列8個聲調(上平聲、上上聲、上去聲、上入聲、下平聲、下上聲、下去聲、下入聲),每個部分內橫列同音韻字,每個韻字之下均組詞。《八音定訣》的編排體例則比《彙音妙悟》排得清楚,但釋義較少,是其不足。

目前,《八音定訣》可以見到的版本有以下幾種:八音定訣,木刻本,甲午端月版,光緒二十年(1894),手抄本福師大館藏;廈門倍文齋活版鉛字排印,清宣統元年(1909),廈大館;活版,1910年第3版,廈大館;會文堂石印本,1940年。

以下從聲、韻、調三個方面來研究探討《八音定訣》的音系性質。

(二)《八音定訣》的聲母系統

《八音定訣》(1894)模仿了《彙音妙悟》(1800)和《彙集雅俗通十五音》(1818)"十五音",現分別列出它們的"十五音"[①],比較如下:

---

① 參考馬重奇《閩台閩南方言韻書比較研究》,中國社會科學出版社2008年版。

彙音妙悟	柳	邊	求	氣	地	普	他	爭	入	時	英	文	語	出	喜
擬音	l/n	p	k	k'	t	p'	t'	ts	dz	s	ø	b/m	g/ŋ	ts'	h
彙集雅俗通十五音	柳	邊	求	去	地	頗	他	曾	入	時	英	門	語	出	喜
擬音	l/n	p	k	k'	t	p'	t'	ts	dz	s	ø	b/m	g/ŋ	ts'	h
八音定訣	柳	邊	求	氣	地	頗	他	曾	入	時	英	文	語	出	喜

由上表可見，《八音定訣》的"十五音字母"是模仿漳、泉兩種方言韻書來設置的。此韻書聲母"柳、文、語"用於非鼻化韻之前的，讀做"b、l、g"，用於鼻化韻之前的，則讀做"m、n、ŋ"。

盧戇章1906年出版了一部用漢字筆劃式的切音字方案——《中國字母北京切音合訂》，包括"泉州切音字母""漳州切音字母""廈門切音字母"等內容，分別闡述了泉州、漳州、廈門等各地方音。其中《泉州切音字母》"泉州聲音"、《漳州切音字母》"漳州聲音"、《廈門切音字母》"廈門聲音"分別介紹了三處閩南方言的聲、韻、調系統。先介紹盧氏所介紹的聲母系統：

泉州切音字母	呢	哩	彌	抵	梯	之	癡	而	口義	硬	基	欺	口眉	卑	披	絲	熙	伊
擬音	ni	li	mi	ti	t'i	thi	th'i	ji	gi	ngi	ki	k'i	bi	pi	p'i	si	hi	i
漳州切音字母	呢	哩	彌	抵	梯	之	癡	而	口義	硬	基	欺	口眉	卑	披	絲	熙	伊
擬音	ni	li	mi	ti	t'i	thi	th'i	ji	gi	ngi	ki	k'i	bi	pi	p'i	si	hi	i
廈門切音字母	呢	哩	彌	抵	梯	之	癡	而	口義	硬	基	欺	口眉	卑	披	絲	熙	伊
擬音	ni	li	mi	ti	t'i	thi	th'i	ji	gi	ngi	ki	k'i	bi	pi	p'i	si	hi	i
國際音標	n	l	m	t	t'	ts	ts'	dz	g		k	k'	b	p	p'	s	h	ø
八音定訣	柳	文	地	他	曾	出	入	語	求	氣	文	邊	頗	時	喜	英

根據以上方音材料，我們將《八音定訣》"十五音字母"的音值構擬如下：

(1) 柳 [l/n]　　(2) 邊 [p]　　(3) 求 [k]　　(4) 氣 [k']　　(5) 地 [t]

(6) 頗 [p']　　(7) 他 [t']　　(8) 曾 [ts]　　(9) 入 [dz]　　(10) 時 [s]

(11) 英 [ø]　　(12) 文 [b/m]　　(13) 語 [g/ŋ]　　(14) 出 [ts']　　(15) 喜 [h]

(三)《八音定訣》的韻母系統

1. 《八音定訣》與《彙音妙悟》《彙集雅俗通十五音》的韻母系統

《八音定訣》"字母法式"：

春朝丹花開香輝佳賓遮川西江邊秋深詩書多湛杯孤燈須添風敲歪不梅樂毛京山燒莊三千槍青飛超

《彙音妙悟》"五十字母"及其擬音：

(1) 春 un/ut (2) 朝 iau/iauʔ (3) 飛 ui/uiʔ (4) 花 ua/uaʔ (5) 香 iɔŋ/iɔk
(6) 歡 uã/uãʔ (7) 高 ɔ/ɔʔ (8) 卿 iŋ/ik (9) 杯 ue/ueʔ (10) 商 iaŋ/iak
(11) 東 ɔŋ/ɔk (12) 郊 au/auʔ (13) 開 ai/aiʔ (14) 居 ɯ (15) 珠 u/uʔ
(16) 嘉 a/aʔ (17) 賓 in/it (18) 莪 ɔ̃ (19) 嗟 ia/iaʔ (20) 恩 ən/ət
(21) 西 e/eʔ (22) 軒 ian/iat (23) 三 am/ap (24) 秋 iu/iuʔ (25) 箴 əm/əp
(26) 江 aŋ/akk (27) 關 uãĩ (28) 丹 an/at (29) 金 im/ip (30) 鉤 əu
(31) 川 uan/uat (32) 乖 uai (33) 兼 iam/iap (34) 管 uĩ (35) 生 əŋ/ək
(36) 基 i/iʔ (37) 貓 iãũ (38) 刀 o/oʔ (39) 科 ə/əʔ (40) 梅 m
(41) 京 iã/iãʔ (42) 雞 əe/əeʔ (43) 毛 ŋ̍/ŋ̍ʔ (44) 青 ĩ/ĩʔ (45) 燒 io/ioʔ
(46) 風 uaŋ/uak (47) 箱 ĩũ/ĩũʔ (48) 弍 ã/ãʔ (49) 熊 ãĩ/ãĩʔ (50) 嘐 ãũ

《彙集雅俗通十五音》"字母共五十字"及其擬音：

(1) 君 un/ut (2) 堅 ian/iat (3) 金 im/ip (4) 規 ui (5) 嘉 ɛ/ɛʔ
(6) 幹 an/at (7) 公 ɔŋ/ɔk (8) 乖 uai/uaiʔ (9) 經 eŋ/ek (10) 觀 uan/uat
(11) 沽 ou (12) 嬌 iau/iauʔ (13) 稽 ei (14) 恭 iɔŋ/iɔk (15) 高 o/oʔ
(16) 皆 ai (17) 巾 in/it (18) 薑 iaŋ/iak (19) 甘 am/ap (20) 瓜 ua/uaʔ
(21) 江 aŋ/ak (22) 兼 iam/iap (23) 交 au/auʔ (24) 迦 ia/iaʔ (25) 檜 uei/ueiʔ
(26) 監 ã/ãʔ (27) 艍 u/uʔ (28) 膠 a/aʔ (29) 居 i/iʔ (30) ㄐ iu
(31) 更 ɛ̃/ɛ̃ʔ (32) 褌 ũĩ (33) 茄 io/ioʔ (34) 梔 ĩ/ĩʔ (35) 薑 iɔ̃
36) 驚 iã (37) 官 uã (38) 鋼 ŋ̍ (39) 伽 e/eʔ (40) 閒 ãĩ
41) 姑 õu (42) 姆 m̩ (43) 光 uaŋ/uak (44) 閂 uãĩ/uãĩʔ (45) 糜 uẽi/uẽiʔ
46) 嘄 iãũ/iãũʔ (47) 箴 ɔm/ɔp (48) 爻 ãũ (49) 扛 õ/õʔ (50) 牛 ĩũ

2. 三種方言韻書的韻部系統比較

(1)《八音定訣》"春朝丹花開香輝佳賓遮"諸部討論

據考證，以上 10 個韻部中的"朝丹花開輝賓遮"諸部與《彙音妙悟》"朝丹花開飛賓嗟"諸部、《彙集雅俗通十五音》"嬌幹瓜皆規巾迦"諸部基本相同，因此，我們分別擬音為"朝［iau］、丹［an］、花［ua］、開［ai］、輝［ui］、賓［in］、遮［ia］"。而"春香佳"3部在收字方面三種韻書是有分歧的。現比較如下：

①春部。因《八音定訣》春部與賓部是對立的，根據泉州、漳州、廈門方言情況，我們分別擬音為［un］和［in］。春部［un］有部分韻字在《彙音妙悟》和《彙集雅俗通十五音》歸屬情況如下：

《八音定訣》：春部［un/ut］筠鈞根跟均筋近郡勤芹墾懇恩殷勻銀恨狠/禿律不勃骨。

《彙音妙悟》：春部［un/ut］鈞斤郡/律不勃；恩部［ən］鈞根筋墾勤懇芹恩殷銀恨狠。

《彙集雅俗通十五音》：巾部［in］均筠根跟筋殷恩勤懇芹勻銀近恨。

可見，《八音定訣》春部［un］如"筠鈞根跟均筋近郡勤芹墾懇恩殷勻銀恨狠"諸字，與現代廈門市區的讀音基本上是一致的，在《彙音妙悟》中分別見於春部［un］和恩部［ən］，在《彙集雅俗通十五音》則見於巾部［in］。可見，《八音定訣》春部［un］與泉州腔近一些，與漳州腔則差別較大。

②香部。《八音定訣》中有香部而無商部，可見無［iɔŋ］和［iaŋ］兩韻的對立。根據泉州、漳州、廈門方言情況，香部應擬音為［iɔŋ］。香部有部分韻字在《彙音妙悟》和《彙集雅俗通十五音》歸屬情況如下：

《八音定訣》：香部［iɔŋ/iɔk］俩兩魉梁娘糧量涼良亮輛諒疆薑強張長帳脹悵漲丈杖章將漿漳蔣掌醬瘴壤嚷冗攘讓箱相鑲商廂殤傷賞想祥詳常翔嘗上尚象央秧鴦殃養映楊陽揚洋樣恙仰菖昌娼廠搶敞唱昶牆薔嬙匠香鄉香享響饗嚮/略腳卻爵酌約躍藥鵲雀綽。

《彙音妙悟》：香部［iɔŋ/iɔk］俩兩魉梁糧量涼良亮諒疆薑強張長帳脹漲丈杖章將漿漳掌醬壤嚷冗攘讓箱相鑲商廂殤傷賞想祥詳常翔嘗上尚象央秧鴦殃養映楊陽揚洋樣恙仰菖昌搶敞唱昶牆匠香鄉香享響

響嚮//略腳卻爵酌約躍藥鵲綽；商部［iaŋ］娘兩掌賞想唱倡香鄉響嚮。

《彙集雅俗通十五音》：薑部［iaŋ/iak］倆兩魎梁娘糧量涼良亮輛諒疆薑強張長帳蔣悵漲丈杖章將漿漳蔣掌醬瘴壤嚷冗攘讓箱相觴商廂殤傷賞想祥詳常翔嘗上尚象央秋鴦殃養映楊陽揚洋樣恙仰菖昌娼廠搶敞唱昶牆薔嬙匠香鄉香享響饗嚮/略腳卻爵酌約躍藥鵲雀綽；恭部［iɔŋ］冗。

可見，《八音定訣》香部［kɔi/ŋɔi］部分韻字，在《彙音妙悟》中有分屬香部［iɔŋ/iɔk］和商部［iaŋ/iak］，在《彙集雅俗通十五音》則屬於薑部［iaŋ/iak］。可見《八音定訣》的香部偏泉州腔，與漳州腔差別較大。

③佳部。《八音定訣》中無［a/aʔ］和［ɛ/ɛʔ］兩韻的對立。根據泉州、漳州、廈門方言情況，佳部應擬音為［a/aʔ］。佳部［a/aʔ］有部分韻字在《彙音妙悟》和《彙集雅俗通十五音》歸屬情況如下：

《八音定訣》：佳部［a/aʔ］巴芭疤把飽鈀霸豹壩罷爬絞腳巧扣乾礁搭罩怕帕查早鴉亞諾貓叉炒柴孝爬加佳嘉家假價賈駕嫁架稼啞沙砂鯊灑洒芽衙牙迓叉差杈蝦霞夏下廈暇/蠟獵甲鉀閘踏打塔押鴨匣閘插百。

《彙音妙悟》：嘉部［a/aʔ］巴芭把飽鈀霸壩罷爬腳乾礁搭怕帕查鴉亞貓叉炒柴加佳嘉家假價賈駕架稼啞沙砂鯊灑洒芽衙牙迓差杈蝦霞夏下廈暇//蠟甲踏打塔押鴨匣插百。

《彙集雅俗通十五音》：膠部［a/aʔ］巴芭疤把飽鈀霸豹壩罷爬絞腳巧扣乾礁搭罩怕帕查早鴉亞諾貓叉炒柴孝/蠟獵甲鉀閘踏打塔押鴨匣閘插；嘉部［ɛ/ɛʔ］爬加佳嘉家假價賈駕嫁架稼啞沙砂鯊灑洒芽衙牙迓叉差杈蝦霞夏下廈暇/百。

可見，《八音定訣》佳部［a/aʔ］部分韻字，在《彙音妙悟》中屬嘉部［a/aʔ］，在《彙集雅俗通十五音》則屬膠部［a/aʔ］和嘉部［ɛ/ɛʔ］。這說明《八音定訣》佳部與泉州腔同，而無漳州腔的［ɛ/ɛʔ］韻。

現將《八音定訣》"春朝丹花開香輝佳賓遮"諸部與《彙音妙悟》《彙集雅俗通十五音》比較如下表：

八音定訣	春 un	朝 iau	丹 an	花 ua	開 ai	香 iɔŋ	輝 ui	佳 a	賓 in	遮 ia
彙音妙悟	春 un 恩 ən	朝 iau	丹 an	花 ua	開 ai	香 iɔŋ 商 iaŋ	飛 ui	嘉 a	賓 in	嗟 ia
彙集雅俗通十五音	君 un 巾 in	嬌 iau	幹 an	瓜 ua	皆 ai	薑 iaŋ	規 ui	嘉 ɛ 膠 a	巾 in	迦 ia

(2)《八音定訣》"川西江邊秋深詩書多湛"諸部討論

據考證，以上10個韻部中的"川江邊秋詩湛"諸部與《彙音妙悟》"川江軒秋基三"諸部、《彙集雅俗通十五音》"觀江堅秋居甘"諸部基本相同，因此，我們分別擬音為"川［uan］、江［aŋ］、邊［ian］、秋［iu］、詩［i］、湛［am］"。而"西深書多"4部在收字方面三種韻書是有分歧的。現比較如下：

① 西部。《八音定訣》西部與飛部是對立的兩個韻部，根據泉州、漳州、廈門方言情況，我們分別擬音為［e］和［ə］。西部［e］有部分韻字在《彙音妙悟》和《彙集雅俗通十五音》歸屬情況如下：

《八音定訣》：西部［e/eʔ］飛把鈀笆琶爬杷耙父加假價架嫁枷低下茶渣債寨灑啞馬瑪牙衙差蝦夏焙倍果粿皮被罪尾髓尋灰火夥貨短戴/伯柏白帛格隔逆客壓汐裼宅仄績厄麥厠冊郭說襪月絕雪卜。

《彙音妙悟》：西部［e/eʔ］把鈀笆琶爬耙父假架嫁枷低債寨灑啞馬牙差夏/伯白帛格隔客裼宅仄麥厠冊月；科部［ə/əʔ］飛焙倍果粿短戴皮被尾髓尋灰火貨/郭絕雪說襪卜月。

《彙集雅俗通十五音》：嘉部［ɛ/ɛʔ］把鈀笆琶爬杷耙父加假價架嫁枷低下茶渣債寨灑啞馬瑪牙衙差蝦夏/伯柏白帛格隔逆客壓汐裼宅仄績厄麥厠冊；檜部［uei/ueiʔ］焙倍粿皮被罪尾髓尋灰火夥貨/郭說襪月；居部［i］敝幣斃弊陛制製世勢翳。

可見，《八音定訣》西部部分韻字，分布在《彙音妙悟》西部［e/

e ʔ] 和科部 [ə/əʔ]，分佈在《彙集雅俗通十五音》嘉部 [ɛ/ɛʔ]、檜部 [uei/ueiʔ] 和居部 [i]。可見，《八音定訣》西部比較接近於泉州腔，合併了《彙音妙悟》西部和科部部分韻字，但與漳州腔差別較大。

② 深部。《八音定訣》有深部，而無箴部，根據泉州、漳州、廈門方言情況，我們把此部擬音為 [im]。深部 [im] 有部分韻字在《彙音妙悟》和《彙集雅俗通十五音》歸屬情況如下：

《八音定訣》：深部 [im/ip] 金錦禁琴沉浸陰音妗/急十習斟箴簪針森參滲欣歆賓臏憫泯民眠面/密蜜；賓部 [in/it] 賓憫泯民眠面/蜜。

《彙音妙悟》：金 [im/ip] 金錦禁琴沉浸陰音妗/急十習；箴 [əm] 斟箴簪針鍼譖森參滲澀欣忻炘昕歆；賓 [in/it] 賓臏憫泯民眠面/密蜜。

《彙集雅俗通十五音》：金部 [im/ip] 金錦禁琴沉浸陰音妗/急十習；箴部 [ɔm/ɔp] 箴簪森參罙怎康譖嚃丼/喥喒；巾部 [in/it] 賓臏憫泯民眠面/密蜜。

可見，《八音定訣》深部 [im/ip] 如 "金錦禁琴沉浸陰音妗/急十習斟箴簪針森參滲欣歆賓臏憫泯民眠面/密蜜"，在《彙音妙悟》裡分佈在金部 [im/ip]、箴部 [əm] 和賓部 [in/it]，在《彙集雅俗通十五音》裡分佈在金部 [im/ip])、箴部 [ɔm/ɔp] 和巾部 [in/it] 裡。《八音定訣》無箴部，而是把箴部字併入深部，反映了現代廈門方言的語音特點。不過，"賓臏憫泯民眠面/密蜜" 歸屬深部又歸賓部 [in]，似為審音不嚴的表現。

③ 書部。《八音定訣》有書部與須部的對立，根據泉州、漳州、廈門方言情況，我們分別擬音為 [ɯ] 和 [u]。書部 [ɯ] 有部分韻字在《彙音妙悟》和《彙集雅俗通十五音》歸屬情況如下：

《八音定訣》：書部 [ɯ] 女屢縷旅閭驢盧慮侶呂濾鑢居車裾舉莒矩據踞遽瞿渠衢拒炬巨祛嶇拘距去懼誅株豬閉抵著箸筯貯佇苧苴疽煮楮薯字紙紫汝茹如袽榆舒暑庶徐嶼鱮璽徙死絮恕緒序四于於與餘余予

預譽豫歟圉禦圄語海腔魚漁馭雌處鼠墟虛許富瓠婦龜韋坵去海腔廚筯海腔浮茲諸姿緇孜諮菑資滋梓子漬恣慈自字思師獅思司斯嘶使史駛駟賜肆醉詞嗣祠事士似仕耜兕泗祀四汙鶿悔武語此厝次疵。

《彙音妙悟》：居部［ɯ］女屢旅間驢盧慮呂鑢居車裾舉莒矩據踞遽瞿渠衢拒炬巨袪拘距去豬著箸筯貯佇苧苴疽煮楮薯字紙紫汝如祪舒暑庶徐嶼徙死絮恕序四于於與餘余予預譽豫歟圉禦圄語海腔魚漁馭雌處鼠墟虛許茲諸緇孜諮菑資滋梓子漬恣慈自字思師司斯嘶使史駟賜肆醉詞嗣祠事士似仕兕泗祀四語此次疵；珠部［u］屢恕富瓠俱龜韋坵懼衢誅抵株廚著浮貯佇紓苧荑榆汙鶿悔武婦。

《彙集雅俗通十五音》：居部［i］女屢縷旅間驢盧慮侶呂濾鑢居車裾舉莒矩據踞遽瞿渠衢拒炬巨袪嶇拘距去懼誅株豬閉抵著箸筯貯佇苧苴疽煮楮薯字紙紫汝荑如祪榆舒暑庶徐嶼鱮墅徙死絮恕緒序四于於與餘余予預譽豫歟圉禦圄語魚漁馭雌處鼠墟虛許；艍部［u］富瓠婦龜韋坵去廚筯浮茲諸姿緇孜諮菑資滋梓子漬恣慈自字思師獅思司斯嘶使史駛駟賜肆醉詞嗣祠事士似仕耜兕泗祀四汙鶿悔武語此厝次疵。

可見，《八音定訣》書部［ɯ］部分韻字，分佈在《彙音妙悟》居部［ɯ］和珠部［u］裡，在《彙集雅俗通十五音》裡分佈在居部［i］和艍部［u］裡。《八音定訣》書部讀作［ɯ］，所反映的應該是廈門同安方言，與泉州的語音特點基本上也是一致的，但與漳州音差別較大，漳州音多數讀作［i］，少數讀作［u］。

④ 多部。《八音定訣》多部與孤部是對立的。根據泉州、漳州、廈門方言情況，我們分別擬音為［o］和［ɔ］。多部［o］有部分韻字在《彙音妙悟》和《彙集雅俗通十五音》歸屬情況如下：

《八音定訣》：多部［o］猱老潦腦撈籮勞醪裸保褒玻褓寶嶓婆暴／哥歌糕膏皋戈羔果菓過鄅軻科柯課靠誥／多刀島倒搗禱逃到駝陀沱濤蹈導稻悼惰盜／波頗破／韜慆滔叨拖討唾套妥桃糟遭棗早蚤左藻做佐作曹槽漕座坐／梭唆騷搔娑嫂鎖瑣燥掃／阿襖／母莫／瑳磋操草剉挫糙造／號河和昊浩灝。

《彙音妙悟》：高部［ɔ］猱老潦腦撈籮勞醪裸保褒玻褓寶嶓婆暴

／哥歌糕膏皋戈羔果菓過郜軻科柯課靠誥／多刀島倒搗檮逃到駝陀沱濤蹈導稻悼惰盜／波頗破／韜慆滔叨拖討唾套妥桃糟遭棗早蚤左藻做佐作曹槽漕座坐／梭唆騷搔娑嫂鎖瑣燥掃／阿襖／母莫／瑳磋操草剉挫糙造／號河和昊浩灝；刀部［o］腦籮波保褒玻寶皤婆／哥歌糕膏羔過科／刀倒到／波／叨討套妥桃／遭棗做作曹槽／梭唆騷搔嫂鎖燥／襖／草剉／河和。

《彙集雅俗通十五音》：多部［o］老潦腦撈猱籮勞醪裸保褒褓寶婆暴／哥歌糕膏皋戈羔果菓過郜軻科柯課靠誥／多刀島倒搗檮逃駝陀沱濤蹈導稻悼惰盜／波頗破／韜慆滔叨拖討唾套妥桃糟遭棗早蚤左藻做佐作曹槽漕座坐／梭唆騷搔娑嫂鎖瑣燥掃／阿襖／母莫／瑳磋操草剉挫糙造／號河和昊浩灝。

《八音定訣》多部［o］與《彙集雅俗通十五音》多部［o］基本上是相同的，而在《彙音妙悟》則分佈在高部［ɔ］和刀部［o］裡。可見，《八音定訣》多部［o］反映了漳州方言的語音特點，與泉州腔有一些差異。

現將《八音定訣》"川西江邊秋深詩書多湛"諸部與《彙音妙悟》《彙集雅俗通十五音》比較如下表：

八音定訣	川 uan	西 e	江 aŋ	邊 ian	秋 iu	深 im	詩 i	書 [ɯ]	多 o	湛 am
彙音妙悟	川 uan	西 e 科 ɔ	江 aŋ	軒 ian	秋 iu	金 im 箴 əm 賓 in	基 i	居 [ɯ] 珠 [u]	刀 o 高 ɔ	三 am
彙集雅俗通十五音	觀 uan	嘉 ɛ 檜 uei 居 i	江 aŋ	堅 ian	丩 iu	金 im 箴 ɔm 巾 in	居 i	居 i 艍 u	高 o	甘 am

(3)《八音定訣》"杯孤燈須添風歪敲不梅"諸部討論

據考證，以上 10 個韻部中的"添風歪不"諸部與《彙音妙悟》"兼風郊乖梅"諸部、《彙集雅俗通十五音》"兼公交乖姆"諸部基本相同，因此，我們分別擬音為"添［iam］、風［ɔŋ］、歪［uai］、不［m］"。而"杯孤燈須敲梅"諸部在收字方面三種韻書是有分歧的。現比較如下：

①杯部。《八音定訣》杯部與西部是對立的，根據泉州、漳州、廈門方言情況，我們分別擬音為［ue］和［e］。杯部［ue］有部分韻字在《彙音妙悟》和《彙集雅俗通十五音》歸屬的韻部如下：

《八音定訣》：杯部［ue］黎犁笠篦把八捌拔瓜雞街解改疥莢易溪啟契喫底蹄題地批稗釵退替提多截梳疏疎洗黍細雪矮鞋能買賣袂初。

《彙音妙悟》：杯部［ue/ueʔ］瓜批稗退買賣/篦八拔；西［e］黎犁把雞街溪啟契蹄地替洗細袂；雞部［əe］犁笠雞解改疥莢易溪契底蹄題地釵替截疏疎洗黍細矮鞋能狹初；關部［uĩ］每梅枚媒妹魅。

《彙集雅俗通十五音》：稽部［ei］黎犁篦雞街解改疥易溪啟契喫底蹄地批稗釵退替提多梳疏疎洗黍細矮鞋能買袂初；伽［e］笠八捌拔莢狹截雪。

《八音定訣》杯部如"黎犁笠篦把八捌拔瓜雞街解改疥莢易溪啟契吃底蹄題地批稗釵退替提多截梳疏疎洗黍細雪矮鞋能買賣袂初"，分布在《彙音妙悟》杯部［ue/ueʔ］、西部［e］、鸡部［əe］和关部［uĩ］，在《彙集雅俗通十五音》中則分布在稽部［ei］和伽部［e］。可見，《八音定訣》杯部［ue］比較接近於泉州腔，但也有一些差別，与漳州腔差別就更大了。

② 孤部。《八音定訣》孤部與多部是對立的，根據泉州、漳州、廈門方言情況，我們分別擬音為［ɔ］和［o］。孤部［ɔ］有部分韻字在《彙音妙悟》和《彙集雅俗通十五音》歸屬情況如下表：

《八音定訣》：孤部［ɔ］魯虜櫓鹵擄爐鱸盧奴怒路賂鷺露晡埔補脯布傅部步捕孤姑沽辜菇股估古鼓雇固顧故糊箍苦許庫褲寇塗都妒門途圖徒屠茶渡鍍肚度杜鋪普譜菩簿土兔吐塗租阻祖助蘇酥蔬所烏黑嗚壺湖胡芋某牡畝貿謀模茂慕誤五午我伍吳初粗楚措醋呼滸虎否狐雨戶後互護。

《彙音妙悟》：高部［ɔ］魯虜櫓鹵擄爐鱸盧奴怒路賂鷺露晡埔補

布布部步捕孤姑辜菇股估古鼓雇固顧故糊箍苦許庫褲塗都圖徒屠荼渡肚度杜鋪普譜簿土兔吐租阻祖助蘇酥蔬所烏嗚壺湖胡芋某牡畝模慕誤五午伍吳初粗楚措醋呼滸虎狐戶互護。

《彙集雅俗通十五音》：沽部［ɔ］魯虜櫓鹵擄爐鱸盧奴路賂鷺露晡埔補布傅布部步捕孤姑沽辜菇股估古鼓雇固顧故糊箍苦許庫褲寇塗都妒鬥途圖徒屠荼渡鍍肚度杜鋪普譜菩簿土兔吐塗租阻祖助蘇酥蔬烏嗚湖胡芋某牡畝貿謀模茂慕誤五吳粗楚措醋呼滸虎否狐雨戶後互護。

《八音定訣》孤部［ɔ］和《彙集雅俗通十五音》沽部［ɔ］與《彙音妙悟》高部［ɔ］在收字方面是有分歧的。《彙音妙悟》高部［ɔ］如"猱老潦腦撈籮勞醪裸保褒玻褓寶嶓婆暴/哥歌糕膏皋戈羔果菓過郜軻科柯課靠誥/多刀島倒搗禱逃到駝陀沱濤蹈導稻悼惰盜/波頗破/韜慆滔叨拖討唾套妥桃糟遭棗早蚤左藻做佐作曹槽漕座坐/梭唆騷搔娑嫂鎖瑣燥掃/阿襖/母莫/瑳磋操草到挫糙造/號河和昊浩灝"，在《八音定訣》和《彙集雅俗通十五音》中不屬［ɔ］韻而屬［o］韻。可見，《八音定訣》孤部［ɔ］反映的是漳州腔而不是泉州腔。

③ 燈部。《八音定訣》只有燈部，不像《彙音妙悟》有卿部［iŋ/ik］與生［əŋ/ək］部對立，根據泉州、漳州、廈門方言情況，我們把燈部擬音為［iŋ/ik］。燈部［iŋ/ik］部分韻字在《彙音妙悟》和《彙集雅俗通十五音》歸屬情況如下：

《八音定訣》：燈部［iŋ］鈴領嶺冷囹令齡嚀陵寧苓零鈴另冰兵秉炳丙餅柄併平並病立經羹兢耕驚景境警耿擎徵脛敬鏡徑逕竟鯨頸莖輕卿傾鏗頃慶磬罄丁疔釘澄徵頂鼎訂定鄭廷庭錠烹頩聘騁汀廳逞挺聽鐙停貞晶征蒸精種井整正證星升省醒眚勝姓聖性成承城誠繩乘英鶯纓鸚影永穎應皿猛鳴明冥茗螟盟硬凝迎青清稱請興兄亨馨刑橫衡行形幸杏朋庚鯁梗頃肯登燈等橙鄧烹鵬彭曾增僧諍仍笙眚牲甥能/德得特忒則賊塞脈麥墨默/測策黑赫慄鑠爍綠力歷曆瀝柏逼伯百迫白鬩戟隔棘擊格極的德嫡謫笛宅狄得糴滴澤壁璧魄珀即績跡稷責籍媳釋淅色席殖碩抑益鎰億憶易役弋脈玉逆額獄測策尺赤側冊膝戚粟或惑獲溺客刻尅。

《彙音妙悟》：卿部［iŋ/ik］鈴領嶺冷囹令齡嚀陵寧苓零鈴另冰兵秉炳丙餅柄併平並病竝經羹兢耕驚景境警耿擎徵脛敬鏡徑逕竟鯨頸莖輕卿傾鏗頃慶磬罄丁疔釘澄徵頂鼎訂定鄭廷庭錠烹頩聘騁汀廳逞挺聽鐙停貞晶征蒸精種井整正證星升省醒眚勝姓聖性成承城誠繩乘英鶯纓鸚影永穎應皿猛鳴明冥茗螟盟硬凝迎青清稱請興兄亨馨刑橫衡行形幸杏/慄鑠爍綠力歷曆瀝柏逼伯百迫白關戟隔棘擊格極的德嫡謫笛宅狄得糴滴澤壁璧魄珀即績跡稷責籍熄釋淅色席殖碩抑益鎰億憶易役弋脈玉逆額獄測策尺赤側冊膝戚粟或惑獲；生部［əŋ/ək］能朋庚鯁梗頃肯登燈等橙鄧烹鵬彭曾增僧/詩仍笙甥牲甥/塞脈麥墨默測策黑赫溺客刻尅德得特忒則賊。

《彙集雅俗通十五音》：經部［eŋ/ek］鈴領嶺冷囹令齡嚀陵寧苓零鈴另冰兵秉炳丙餅柄併平並病竝經羹兢耕驚景境警耿擎徵脛敬鏡徑逕竟鯨頸莖輕卿傾鏗頃慶磬罄丁疔釘澄徵頂鼎訂定鄭廷庭錠烹頩聘騁汀廳逞挺聽鐙停貞晶征蒸精種井整正證星升省醒眚勝姓聖性成承城誠繩乘英鶯纓鸚影永穎應皿猛鳴明冥茗螟盟硬凝迎青清稱請興兄亨馨刑橫衡行形幸杏能朋庚鯁梗/頃肯登燈等橙鄧烹鵬彭曾增僧詩仍笙甥牲甥/慄鑠爍綠力歷曆瀝柏逼伯百迫白關戟隔棘擊格極的德嫡謫笛宅狄得糴滴澤壁璧魄珀即績跡稷責籍熄釋淅色席殖碩抑益鎰億憶易役弋脈玉逆額獄測策尺赤側冊膝戚粟或惑獲溺客刻尅德得特忒則賊塞脈麥墨默測策黑赫。

《八音定訣》燈部［iŋ/ik］韻字，分佈在《彙音妙悟》卿部［iŋ/ik］和生部［əŋ/ək］，只見於《彙集雅俗通十五音》經部［eŋ/ek］。《八音定訣》燈部［iŋ/ik］綜合了漳、泉二腔。

④須部。《八音定訣》有須部與書部的對立，根據泉州、漳州、廈門方言情況，我們分別擬音為［u］和［ɯ］。須部［u］有部分韻字在《彙音妙悟》和《彙集雅俗通十五音》歸屬情況如下：

《八音定訣》：須部［u］旅驢慮居衢具驅區去懼抵著箸筯豬竚芋鋤住炷聚癒瘉庾儒孺乳愈史逾瑜榆裕須鬚胥書死四絮樹緒敘暨禹宇雨羽餘飫璵圄娛愚隅遇睢雌趨取。書部［ɯ］旅驢慮居衢去懼抵著箸筯豬鋤榆死四絮緒餘圇雌。

《彙音妙悟》：珠部［u］衢具驅區懼抵著竚住炷聚癒瘉儒孺愈臾逾瑜榆裕須鬚胥樹豎禹宇雨羽愚隅遇趨取；居部［ɯ］旅驢慮居衢具去區著箸筋豬竚孺乳死敘餘飫璵圇娛遇雌。

《彙集雅俗通十五音》：居部［i］旅驢慮居衢具驅區去懼抵著箸筋豬竚竍鋤住炷聚癒瘉庾儒孺乳愈臾逾瑜榆裕須鬚胥書死四絮樹緒敘豎禹宇雨羽餘飫璵圇娛愚隅遇雎雌趨取；艍部［u］去抵筋乳四遇。

可見，《八音定訣》須部［u］部分韻字重見於書部［ɯ］，與《彙音妙悟》珠部［u］和居部［ɯ］情況相似，而分佈於《彙集雅俗通十五音》居部［i］和艍部［u］。《八音定訣》須部［u］與泉州腔同，而與《彙集雅俗通十五音》差別較大。

⑤敲部。《八音定訣》敲部，根據泉州、漳州、廈門方言情況，我們分別擬音為［au］。敲部［au］有部分韻字在《彙音妙悟》和《彙集雅俗通十五音》歸屬情況如下：

《八音定訣》：敲部［au］茅樓劉漏老交扣兜鬥鬨投荳跑抱偷糟灶剿棹找掃嘔喉後卯抄草臭嘹孝效候/雹。

《彙音妙悟》：郊部［au］樓劉漏老包校交兜鬥投荳抱偷糟灶剿棹找掃喉後卯抄草嘹孝效；鉤部［əu］樓漏扣兜鬥鬨投荳偷嘔喉後候。

《彙集雅俗通十五音》：交部［au］茅樓劉漏老包校交溝狗扣兜鬥鬨投荳跑抱雹偷糟灶剿棹找掃嘔喉後卯抄草臭孝嘹效候。

《八音定訣》敲部［au］如"茅樓劉漏老交扣兜鬥鬨投荳跑抱偷糟灶剿棹找掃嘔喉後卯抄草臭嘹孝效候/雹"等韻字，在《彙音妙悟》裡部分屬郊部［au］和鉤部［əu］，而與《彙集雅俗通十五音》交部［au］基本上相同。《八音定訣》敲部［au］兼有漳、泉二腔，但更接近於漳州腔。

⑥梅部。《八音定訣》梅部與杯部是對立的，根據泉州、漳州、廈門方言情況，我們分別擬音為［əe］和［ue］。梅部［əe］有部分韻字在

《彙音妙悟》和《彙集雅俗通十五音》歸屬情況如下：

《八音定訣》：梅部［əe］餒妳犁珮佩改疥易魅苧稗提蚱擠未毸梅鋂昧詭睨牙藝外初髓摧尋厏悔誨回會蟹/月挾梜蔔切血。
《彙音妙悟》：雞部［əe］犁改疥易苧提藝初蟹/挾切；西部［e］犁提擠睨藝/月挾；杯部［ue］餒珮佩稗梅藝悔誨回會。
《彙集雅俗通十五音》：檜部［uei］餒珮佩梅鋂未外髓摧尋悔誨回會/月血；稽部［ei］犁改疥稗提易詭藝初會蟹。

《八音定訣》梅部［əe/əeʔ］韻字"犁改疥鮭易苧藝初蟹珮佩稗提擠未梅昧詭睨牙外髓摧尋悔誨回會蟹/挾切蔔月血"，在《彙音妙悟》裡分屬雞部［əe/əeʔ］、西部［e/eʔ］和杯部［ue］，在《彙集雅俗通十五音》裡分屬檜部［uei/ueiʔ］和稽部［ei］。《八音定訣》梅部［əe/əeʔ］比較近於泉州腔，而與漳州腔相差遠一些。

現將《八音定訣》"杯孤燈須添風敲歪不梅"諸部與《彙音妙悟》《彙集雅俗通十五音》比較如下表：

八音定訣	杯 ue	孤 ɔ	燈 iŋ	須 u	添 iam	風 ɔŋ	敲 au	歪 uai	不 m̩	梅 əe
彙音妙悟	杯 ue 西 e 雞 əe 關 uĩ	高 ɔ	卿 iŋ 生 əŋ	珠 u 居 ɯ	兼 iam	東 ɔŋ 風 uaŋ	郊 au 鉤 əu	乖 uai	梅 m̩	雞 əe 西 e 杯 ue
彙集雅俗通十五音	稽 ei 伽 e	沽 ɔ	經 eŋ	居 i 艍 u	兼 iam	公 ɔŋ	交 au	乖 uai	姆 m̩	稽 ei 檜 uei

（4）《八音定訣》"樂毛京山燒莊三千槍青飛超"諸部討論

據考證，以上 12 個韻部中的"京山燒千"諸部與《彙音妙悟》"京歡燒熝"諸部、《彙集雅俗通十五音》"驚官茄閒"諸部基本相同，因此，我們把它們分別擬音為"京［iã］、山［uã］、燒［io］、千［ãi］"。而"樂毛莊槍三青飛超"諸部在收字方面三種韻書是有分歧的。現比較如下：

①樂部。《八音定訣》有樂部與敲部的對立，根據泉州、漳州、廈門方言情況，我們擬音為［ãu］和［au］。樂部［ãu］部分韻字在《彙音妙悟》和《彙集雅俗通十五音》歸屬情況如下：

《八音定訣》：樂部［ãu］茅樓劉漏老包校交溝狗扣兜鬥閙投荳跑抱偷糟灶剿棹找掃嘔喉後卯抄草臭嘐孝效候/雹。敲部［au］茅樓劉漏老交扣兜鬥閙投荳跑抱偷糟灶剿棹找掃嘔喉後卯抄草臭嘐孝效候/雹。

《彙音妙悟》：郊部［au］樓劉漏老包校交兜鬥投荳抱偷糟灶剿棹找掃喉後卯抄草嘐孝效；鉤部［əu］樓漏扣兜鬥閙投荳偷嘔喉後候。

《彙集雅俗通十五音》：交部［au］茅樓劉漏老包校交溝狗扣兜鬥閙投荳跑抱雹偷糟灶剿棹找掃嘔喉後卯抄草臭孝嘐效候。

可見，《八音定訣》樂部［ãu］韻字如"茅樓劉漏老包校交溝狗扣兜鬥閙投荳跑抱偷糟灶剿棹找掃嘔喉後卯抄草臭嘐孝效候/雹"，與敲部［au］收字大致相同；與《彙集妙悟》郊部［au］和鉤部［əu］對應，嘐部［ãu］無韻字；與《彙集雅俗通十五音》爻部［ãu］差別大，而與交部［au］大致相同。筆者認為，《八音定訣》樂部在審音上有問題，鼻化韻與非鼻化韻相混。

②毛部。《八音定訣》有毛部與孤部的對立，根據泉州、漳州、廈門方言情況，我們擬音為［ɔ̃］和［ɔ］。毛部［ɔ̃］部分韻字在《彙音妙悟》和《彙集雅俗通十五音》歸屬情況如下表：

《八音定訣》：毛部［ɔ̃］嫽坷摩麼毛眊冒髦我餓臥好火貨惱腦褒保報婆暴扛稿鋼槁糠坷藏鼧倒當膓撞丈波頗抱湯討蕩糖莊妝左早佐漕曹槽狀髒霜鎖嫂燥唆秧襖蚵呵學芒芼牡母畝某膜五我偶蜈倉瘡草楚造剉床方扶號賀/落泊閣棹托作索難蔔簇擇鶴。

《彙音妙悟》：莪部［ɔ̃］嫽坷摩麼毛眊冒髦我餓臥好火貨。

《彙集雅俗通十五音》：扛部［ɔ̃］摩麼毛髦我好火貨；姑部［õu］五偶。

《渡江書十五音》：灘部［ɔ̃］扛鋼槓糠當腸撞湯蕩糖霜秧氅我床方/膜。

可見，《八音定訣》毛部［ɔ̃］是一個比較複雜的韻部，其韻字與《彙音妙悟》莪部［ɔ̃］對應，部分韻字與《彙集雅俗通十五音》扛部［ɔ̃］對應。但是，《八音定訣》毛部［ɔ̃］裡還有許多韻字（如"惱腦褒保報婆暴扛稿鋼槓槁糠坷藏舵倒當腸撞丈波頗抱湯討蕩糖莊妝左早佐漕曹槽狀髒霜鎖嫂燥唆秧襖映蚵呵學芒氅牡母畝某膜五我偶蜈倉瘡草楚造到床方扶號賀/落泊閣棹託作索難葡簸擇鶴"共83字）並不在《彙音妙悟》莪部和《彙集雅俗通十五音》扛部裡，我們查遍了《渡江書十五音》的灘部［ɔ̃］，發現有一部分韻字（如"扛鋼槓糠當腸撞湯蕩糖霜秧氅我床方//膜"等16字）與之同。據筆者考證《渡江書十五音》中的灘部讀作［ɔ̃］，反映的是長泰縣的語音特點，但是還有67個韻字不見於《渡江書十五音》灘部之中。因此，筆者認為，《八音定訣》毛部［ɔ̃］在審音方面是有問題的。

③莊部。《八音定訣》有莊部與風部的對立，根據泉州、漳州、廈門方言情況，我們擬音為［ŋ］和［ɔŋ］。莊部［ŋ］部分韻字在《彙音妙悟》和《彙集雅俗通十五音》歸屬情況如下：

《八音定訣》：莊部［ŋ］軟卵蛋方飯/光捲管卷貫/勸/返/斷/傳/磚/鑽/全/孫酸損算/阮黃/晚門問/村/昏園遠榔/榜傍鋼/康糠/當唐腸塘長/湯盪糖/妝莊狀臟/桑霜/床秧/方坊。

《彙音妙悟》：毛部［ŋ］軟卵飯/光捲卷貫/勸/返斷/磚鑽全/孫酸損算/黃/晚門問/村/園遠榜傍鋼/康糠/當唐腸塘長/湯糖/妝莊臟/桑霜/床秧/方坊。

《彙集雅俗通十五音》：褌部［uĩ］軟卵蛋方飯/光捲管卷貫/勸/返/斷/傳/磚/鑽/全/孫酸損算/阮黃/晚門問/村/昏園遠；鋼部［ŋ］榔/榜傍鋼/康糠/當唐腸塘長/湯盪糖/妝莊狀臟/桑霜/床秧/方坊。

《八音定訣》莊部［ŋ］字"軟卵蛋方飯/光卷管卷貫/勸/返/斷/傳/磚/鑽/全/孫酸損算/阮黃/晚門問/村/昏園遠楓/榜傍鋼/康糠/當唐腸塘長/湯蕩糖/妝莊狀臟/桑霜/牀秧/方坊"，所反映的應該是現代廈門市區方言的特點，相當於《彙音妙悟》毛部［ŋ］，但在《彙集雅俗通十五音》裡則分佈在褌部［uĩ］和鋼部［ŋ］。可見，《八音定訣》莊部與泉州腔是一致的，與漳州腔則不完全相同。

④槍部。《八音定訣》有槍部與香部的對立，根據泉州、漳州、廈門方言情況，我們擬音爲［iũ］和［iɔ̃］。槍部［iũ］部分韻字在《彙音妙悟》和《彙集雅俗通十五音》歸屬情況如下：

《八音定訣》：槍部［iũ］薑腔張樟章漿相廂箱傷鑲鴦槍香兩長蔣掌賞想搶廠帳漲脹醬相唱向娘糧量樑場常羊楊薔牆量讓丈上癢尚樣象。

《彙音妙悟》：箱部［iũ］兩娘糧量樑薑腔張長場丈帳脹樟章漿蔣掌醬上癢相賞廂箱常傷鴦羊楊樣槍搶唱牆象香向。

《彙集雅俗通十五音》：薑部［iɔ̃］薑腔張樟章漿相廂箱傷鑲鴦槍香兩長蔣掌賞想搶廠帳漲脹醬相唱向娘糧量樑場常羊楊薔牆量讓丈上癢尚樣象；牛部［iũ］肘牛。

可見，《八音定訣》槍部［iũ］字"薑腔張樟章漿相廂箱傷鑲鴦槍香兩長蔣掌賞想搶廠帳漲脹醬相唱向娘糧量梁場常羊楊薔牆量讓丈上癢尚想樣象"所反映的是現代廈門市區方言的語音特點，與《彙音妙悟》箱部［iũ］同；而《彙集雅俗通十五音》薑部讀作［iɔ̃］，差別較大。

⑤三部。《八音定訣》有三部與湛部的對立，根據泉州、漳州、廈門方言情況，我們擬音為［ã］和［am］。三部［ã］部分韻字在《彙音妙悟》和《彙集雅俗通十五音》歸屬情況如下：

《八音定訣》：三部［ã］拿藍林那監敢擔衫媽嗎麻罵芭把飽豹霸爬罷巧怕查鴉亞談惔/獵甲搭踏打塔疊押鴨匣肉。佳部［a］媽麻芭把飽豹霸爬罷巧怕查鴉亞/甲搭踏打塔疊押鴨匣。

《彙音妙悟》：弍部［ã］藍林那敢擔衫媽麻罵查鴉亞雅/百獵甲

搭踏打塔疊匣；三部［am］談惔；嘉部［a］罵麻芭把飽豹霸爬罷怕查鴉亞/甲搭踏打塔押鴨匣肉。

《彙集雅俗通十五音》：監部［ã］拿藍林那監敢擔衫媽嗎麻罵；膠部［a］芭把飽豹霸爬罷巧怕查鴉亞/獵甲搭踏打塔疊押鴨匣肉；甘部［am］談惔。

可見，《八音定訣》三部［ã］與佳部［a］有部分韻字重見，分屬《彙音妙悟》弍部［ã］、嘉部［a］和三部［am］，而在《彙集雅俗通十五音》裡也分屬監部［ã］、膠部［a］和甘部［am］。筆者認為，《八音定訣》三部［ã］在審音方面是有問題的。

⑥千部。《八音定訣》有千部與邊部的對立，根據泉州、漳州、廈門方言情況，我們擬音為［ãi］和［ian］。千部［ãi］部分韻字在《彙音妙悟》和《彙集雅俗通十五音》歸屬情況如下：

《八音定訣》：千部［ãi］乃迺奶蓮奈耐賴籟間繭店宰前先閑買賣邁研艾千囍還班拜排敗勁開凱台派態太泰汰待災指滓薦在載屎賽哀愛眉呆礙咳海。開部［ai］拜排敗開凱台派態太泰汰待災滓宰在載屎賽哀愛眉呆礙咳海艾。

《彙音妙悟》：燹部［ãi］燹乃迺蓮反捭畔間肩繭揀蓋店還黛宰前先矖灑閑餡粥買賣邁研眼千囍莧/喝。開部［ai］拜排敗開凱台派態太泰汰待災滓宰在載屎賽哀愛眉呆礙咳海艾。

《彙集雅俗通十五音》：閑部［ãi］乃迺嬭奶奈耐賴癩籟間嗖買賣邁鼐艾乂刈。皆部［ai］拜排敗開凱台派態太泰汰待災滓宰在載屎賽哀愛眉呆礙咳海。

可見，《八音定訣》千部［ãi］韻字"乃迺奶蓮奈耐賴籟間繭店宰前先閑買賣邁研艾千囍還"，所反映的應該是廈門遠郊和同安方言的語音特點，與《彙音妙悟》燹部［ãi］和《彙集雅俗通十五音》閑［ãi］有部分相同，但是有部分韻字"班拜排敗勁開凱臺派態太泰汰待災指滓薦在載屎賽哀愛眉呆礙咳海"則與《彙音妙悟》開部［ai］、《彙集雅俗通十五音》皆部［ai］相同，這說明《八音定訣》千部［ãi］在審音方面是有問題的。

⑦青部。《八音定訣》有青部與燈部的對立，根據泉州、漳州、廈門方言情況，我們擬音為 [ĩ] 和 [iŋ]。青部 [ĩ] 部分韻字在《彙音妙悟》和《彙集雅俗通十五音》歸屬情況如下：

《八音定訣》：青部 [ĩ/ĩʔ] 染年連邊變鰱見埂鉗甜纏篇片鼻天添甗箭錢扇豉丸圓員綿淺刺硯企柄棚平病更庚經坑鄭彭爭井晴靜生姓性嬰英楹夜冥雅硬青星腥菁醒/乜物夾。

《彙音妙悟》：青部 [ĩ/ĩʔ] 染年企邊變柄平病見埂更經鉗坑纏鄭篇片彭天添箭錢靜生姓扇丸圓員綿淺硯英硬青星腥菁醒/乜。

《彙集雅俗通十五音》：栀部 [ĩ/ĩʔ] 染年連邊變鰱見埂鉗甜纏篇片鼻天添甗箭錢扇豉丸圓員綿淺刺硯//乜物；更部 [ɛ̃/ɛ̃ʔ] 企柄棚平病更庚經坑鄭彭爭井晴靜生姓性嬰英楹夜冥雅硬青星腥菁醒/夾。

《八音定訣》青部 [ĩ/ĩʔ] 韻字，與《彙音妙悟》青部 [ĩ/ĩʔ] 同，而在《彙集雅俗通十五音》中則分佈在栀部 [ĩ/ĩʔ] 和更部 [ɛ̃/ɛ̃ʔ]。可見，《八音定訣》青部 [ĩ/ĩʔ] 反映的是泉州腔，與漳州腔有一些差別。

⑧飛部。《八音定訣》有飛部與輝部是對立的，根據泉州、漳州、廈門方言情況，我們擬音為 [ə] 和 [ui]。飛部 [ə] 部分韻字在《彙音妙悟》和《彙集雅俗通十五音》歸屬情況如下：

《八音定訣》：飛部 [ə/əʔ] 儡飛倍焙菓粿過胚配皮被帕稅賽垂未妹吹炊尋夥歲和回會螺科莿課啟短戴地胎推退提齋睨鯢藝系短塊代袋坐災糜哀咩咪/郭缺闋襪月葡夾策廁啄雪奪裂逆歇宿。

《彙音妙悟》：科部 [ə/əʔ] 儡螺飛賠倍焙壞果粿過科莿課短袋戴皮被推退稅禍尾未糜妹吹髓尋灰火回貨歲/郭缺闋啄奪絕雪葡襪。

《彙集雅俗通十五音》：檜部 [uei/ueiʔ] 焙倍粿皮被尋未灰火夥貨稅垂吹炊歲和回會/缺郭說襪月；嘉部 [ɛ/ɛʔ] 把枷低下廈碼罵啞齋/柏伯拍白宅客仄呃廁逆；稽部 [ei] 啟短戴地胎推退提；伽部 [e/eʔ] 螺短塊代袋系坐/啄雪奪；高部 [o] 科莿課。

可見，《八音定訣》飛部［ə/əʔ］字"僞飛倍焙菓粿過肧配皮被帕稅賽垂未妹吹炊尋夥歲和回會螺科莿課啟短戴地胎推退提齋睨鯢藝系短塊代袋坐災糜哀咩咪//郭缺闕襪月萄夾策廍啄雪奪裂逆歇宿"，所反映的是廈門遠郊和同安方言的語音特點，與《彙音妙悟》科部［ə/əʔ］基本相同，在《彙集雅俗通十五音》裡部分讀作檜部［uei/ueiʔ］，部分讀作嘉部［ɛ/ɛʔ］，部分讀作稽部［ei］，部分讀作伽部［e/eʔ］，部分讀作高部［o］）。因此，《八音定訣》飛部［ə/əʔ］與《彙音妙悟》科部［ə/əʔ］基本相同，《彙集雅俗通十五音》無［ə/əʔ］韻部，與其差別頗大。

⑨超部。《八音定訣》有超部與朝部是對立的，根據泉州、漳州、廈門方言情況，我們擬音為［iãu］和［iau］。超部［iãu］部分韻字在《彙音妙悟》和《彙集雅俗通十五音》歸屬情況如下：

《八音定訣》：超部［iãu］蓼撩繚標裱殍繳叫撒橋轎洞晃調瓢眺耀柱剣屐詔擾燒尿蕭韶紹邵要姚淼描妙堯超迢鍬嚻孝。朝部［iau］撩繚標裱殍叫撒橋轎洞晃調瓢眺柱剣屐擾尿韶紹邵要姚描妙堯超孝。

《彙音妙悟》：貓部［iãu］貓鳥了。朝部［iau］蓼撩繚標裱殍繳叫橋轎晃調瓢眺耀柱剣詔擾燒蕭韶紹邵要姚淼描妙堯超鍬嚻孝。

《彙集雅俗通十五音》：嘄部［iãu］貓嘄鳥蔦。嬌部［iau］蓼撩繚標裱殍繳叫橋轎洞晃調瓢眺耀柱剣詔擾尿蕭韶紹邵要姚淼描妙堯超鍬嚻。

可見，《八音定訣》超部［iãu］所收韻字特別多，《彙音妙悟》貓部［iãu］和《彙集雅俗通十五音》嘄部［iãu］等所收韻字很少，與《八音定訣》超部［iãu］所收韻字則毫無對應。《八音定訣》超部［iãu］所收韻字與朝部［iau］重見韻字較多，與《彙音妙悟》朝部［iau］和《彙集雅俗通十五音》嬌部［iau］所對應的韻字也較多。因此，筆者認為《八音定訣》超部在審音方面是有欠缺的。

現將《八音定訣》"樂毛京山燒莊三千槍青飛超"諸部與《彙音妙悟》《彙集雅俗通十五音》比較如下表：

八音定訣	樂 ā	毛 ɔ̃	京 iā	山 uā	燒 io	莊 ŋ	三 ā	千 āi	槍 iū	青 ĩ	飞 ə	超 iāu
彙音妙悟	郊 au 鉤 əu	莪 ɔ̃	京 iā	歡 uā	燒 io	毛 ŋ	弎 ā 三 am	熋 āi	箱 iū	青 ĩ	科 ə	猫 iāu 朝 iau
彙集雅俗通十五音	交 au	扛 ɔ̃ 姑 ōu	驚 iā	官 uā	茄 io	鋼 ŋ 襌 uĩ	監 ā 膠 a 甘 am	閑 āi	薑 iū 牛 iū	栀 ĩ 更 ɛ̃	桧 uei 嘉 ɛ 稽 ei 伽 e 高 o	嘄 iāu 嬌 iau

　　以上我們把《八音定訣》42 個韻部與《彙音妙悟》《彙集雅俗通十五音》各 50 個韻部作了仔細的比較。從韻目數比較來看,《八音定訣》有 42 個韻部,《彙音妙悟》和《彙集雅俗通十五音》各 50 個韻部,少了 8 個韻部。實際上,這並不是簡單的少 8 個韻部,而是反映了它們之間音系性質上的差異。綜上所述,有以下幾點看法:

　　第一,《八音定訣》"春朝丹花開香輝佳賓遮川西江邊秋深詩書多湛杯孤燈須添風敲歪不梅樂毛京山燒莊三千槍青飛超" 42 個韻部中,有 20 個韻部("朝丹花開輝賓遮川江邊秋詩湛添風歪不京山燒")與《彙音妙悟》20 個韻部("朝丹花開飛賓嗟川江軒秋基三兼風乖梅京歡燒")、《彙集雅俗通十五音》20 個韻部("嬌幹瓜皆規巾迦觀江堅秋居甘兼公乖姆驚官茄")是相同的。我們把它們擬音為"朝 [iau]、丹 [an]、花 [ua]、開 [ai]、輝 [ui]、賓 [in]、遮 [ia]、川 [uan]、江 [aŋ]、邊 [ian]、秋 [iu]、詩 [i]、湛 [am]、添 [iam]、風 [ɔŋ]、歪 [uai]、不 [m]、京 [iã]、山 [uã]、燒 [io]"。

　　第二,《八音定訣》中有 22 個韻部(即"春香佳西深書多杯孤燈須敲梅樂毛莊槍三千青飛超")與《彙音妙悟》《彙集雅俗通十五音》在收字方面有一些分歧,但多數反映了泉州腔。主要表現在:(1)《八音定訣》有書部 [ɯ]、梅部 [əe] 和飛部 [ə],與《彙音妙悟》居部 [ɯ]、雞部 [əe] 和科部 [ə] 基本相同,雖然收字方面有參差,還是反映了泉州腔的特點。這是漳州腔所沒有的。(2)《八音定訣》春部 [un] 有些韻字如"筠鈞根跟均筋近郡勤芹墾憖恩殷勻銀恨狠"諸字,在《彙音妙悟》中屬春部 [un] 和恩部 [ən],在《彙集雅俗通十五音》則屬巾部［in］。(3)《八音定訣》香部［iɔŋ］部分韻字"倆兩魎梁娘糧量涼良亮輛諒疆薑強張長帳脹悵漲丈杖章將漿漳蔣掌醬瘴壤嚷冗攘讓箱相觴商廂殤傷賞想祥詳常翔嘗上尚象央秧鴦殃養映楊陽揚洋樣恙仰菖昌娼廠搶敞唱昶牆薔嬙匠香鄉香享響饗嚮/略腳卻爵酌約躍藥鵲雀綽"，在《彙音妙悟》中屬香部［iɔŋ］，在《彙集雅俗通十五音》則屬於薑部［iɔŋ］。(4)《八音定訣》佳部［a］部分韻字"爬加佳嘉家假價賈駕嫁架稼啞沙砂鯊洒灑芽衙牙迓又差杈蝦霞夏下廈暇/百"，在《彙音妙悟》中屬嘉部［a］，而在《彙集雅俗通十五音》則屬嘉部［ɛ/ɛʔ］。這說明《八音定訣》佳部與泉州腔同，而無漳州腔的［ɛ/ɛʔ］韻。(5)《八音定訣》西部部分韻字"飛把鈀笆琶爬杷耙父加假價架枷低下茶渣債寨灑啞馬瑪牙衙差蝦夏焙倍果粿皮被罪尾髓尋灰火夥貨短戴/伯柏白帛格隔逆客壓汐裼宅仄績戹阨麥廁冊郭說襪月絕雪萄"，在《彙音妙悟》屬西部［e］("把鈀笆琶爬耙父假架嫁枷低債寨灑啞馬牙差夏/伯白帛格隔客汐裼宅仄麥廁冊月")，而在《彙集雅俗通十五音》屬嘉部［ɛ］("把鈀笆琶爬杷耙父加假價架嫁枷低下茶渣債寨灑啞馬瑪牙衙差蝦夏/伯柏白帛格隔逆客壓汐裼宅仄績戹阨麥廁冊")、檜部［uei］("焙倍粿皮被罪尾髓尋灰火夥貨/郭說襪月")和居部［i］("敝幣斃弊陛制製世勢翳")。(6)《八音定訣》杯部［ue］韻字，分佈在《彙音妙悟》杯部［ue］("瓜批稗退買賣/篋八拔")和雞部［əe］("犁笠雞解改疥莢易溪契底蹄題地釵替截疏疎洗黍細矮鞋能狹初")，在《彙集雅俗通十五音》中則分佈在稽部［ei］("黎犁箆雞街解改疥易溪啟契喫底蹄地批稗釵退替提多梳疏疎洗黍細矮鞋能買袂初")和伽部［e］("笠八捌拔莢狹截雪")中。(7)《八音定訣》須部［u］部分韻字，屬《彙音妙悟》珠部［u］("衢具驅區懼抵著紵住炷聚癒瘉儒孺愈臾逾瑜榆裕須鬚胥樹豎禹宇雨羽愚隅遇趨取")，而分佈於《彙集雅俗通十五音》居部［i］("旅驢慮居衢具驅區去懼抵著箸筋豬紵紆鋤住炷聚癒瘉庚儒孺乳愈臾逾瑜榆裕須鬚胥書死四絮樹緒敘豎禹宇雨羽餘飫璵圄娛愚隅遇睢雌趨取")。(8)《八音定訣》莊部［ŋ］，相當於《彙音妙悟》毛部［ŋ］，在《彙集雅俗通十五音》裡則分佈在襌部［uĩ］和鋼部［ŋ］。(9)《八音定訣》槍部［iũ］韻字與《彙音妙悟》箱部［iũ］同，而在《彙集雅俗通十五音》薑部中則讀作［iɔ̃］。(10)《八音定訣》青部［ĩ］韻字，與《彙音妙悟》青部［ĩ/ĩʔ］同，而在《彙集雅俗通十五音》中則分佈在栀部［ĩ］和更部［ɛ̃］。

　　第三，《八音定訣》中也有一些韻部審音是有問題的。如：（1）《八音定訣》深部［im/ip］少數韻字如"賓臏憫泯民眠面/密蜜"，在《彙音妙悟》裡屬賓部［in］，在《彙集雅俗通十五音》裡屬巾部［in］。"賓臏憫泯民眠面/密蜜"既歸屬深部又歸賓部［in］，似為審音不嚴的表現。（2）《八音定訣》樂部［ãu］韻字如"茆樓劉漏老包校交溝狗扣兜鬥鬧投荳跑抱偷糟灶剿棹找掃嘔喉後卯抄草臭嘹孝效候//雹"，與敲部［au］收字大致相同；與《彙音妙悟》郊部［au］和鉤部［əu］對應，嘹部［ãu］無韻字；與《彙集雅俗通十五音》爻部［ãu］差別大，而與交部［au］大致相同。筆者認為，《八音定訣》樂部在審音上有問題。（3）《八音定訣》毛部［ɔ̃］裡還有許多韻字並不在《彙音妙悟》莪部和《彙集雅俗通十五音》扛部裡，我們查遍了《渡江書十五音》的灘部［ɔ̃］，發現有一部分韻字（如"扛鋼榡糠當腸撞湯蕩糖霜秧毛我床方//膜"等16字）與之同。據筆者考證《渡江書十五音》中的灘部讀作［ɔ̃］，反映的是長泰縣的語音特點，但是還有67個韻字不見於《渡江書十五音》灘部之中。因此，筆者認為，《八音定訣》毛部［ɔ̃］在審音方面是有問題的。（4）《八音定訣》三部［ã］與佳部［a］有部分韻字重見，分屬《彙音妙悟》式部［ã］、嘉部［a］和三部［am］，而在《彙集雅俗通十五音》裡分屬監部［ã］、膠部［a］和甘部［am］。筆者認為，《八音定訣》三部［ã］在審音方面是有問題的。（5）《八音定訣》超部［iãu］所收韻字特別多，《彙音妙悟》貓部［iãu］和《彙集雅俗通十五音》鳴部［iãu］所收韻字很少，與《八音定訣》超部［iãu］所收韻字則毫無對應。《八音定訣》超部［iãu］所收韻字與朝部［iau］重見韻字較多，與《彙音妙悟》朝部［iau］和《彙集雅俗通十五音》嬌部［iau］所對應的韻字也較多。因此，筆者認為《八音定訣》超部在審音方面是有欠缺的。

　　第四，《八音定訣》有些韻部反映了漳州腔的語音特點。如：（1）《八音定訣》多部［o］與《彙集雅俗通十五音》多部［o］基本上是相同的，而在《彙音妙悟》則分佈在高部［ɔ］和刀部［o］裡。可見，《八音定訣》多部［o］反映了漳州方言的語音特點，與泉州腔有一些差異。（2）《八音定訣》孤部［ɔ］和《彙集雅俗通十五音》沽部［ɔ］與

《彙音妙悟》高部［ɔ］在收字方面是有分歧的。《彙音妙悟》高部［ɔ］如"猱老潦腦撈籮勞醪裸保褒玻裸寶嶓婆暴／哥歌糕膏皋戈羔果菓過郜軻科柯課靠誥／多刀島倒搗禱逃到駝陀沱濤蹈導稻悼惰盜／波頗破／韜慆滔叨拖討唾套妥桃糟遭棗早蚤左藻做佐作曹槽漕座坐／梭唆騷搔娑嫂鎖瑣燥掃／阿襖／母莫／瑳磋操草剉挫糙造／號河和昊浩灝"，在《八音定訣》和《彙集雅俗通十五音》中不屬［ɔ］韻而屬［o］韻。可見，《八音定訣》孤部［ɔ］反映的是漳州腔而不是泉州腔。（3）《八音定訣》敲部［au］如"茗樓劉漏老交扣兜鬥閗投荳跑抱偷糟灶剿棹找掃嘔喉後卯抄草臭嘮孝效候∥雹"等韻字，在《彙音妙悟》裡部分屬郊部［au］和鉤部［əu］，而與《彙集雅俗通十五音》交部［au］基本上相同。可見，《八音定訣》敲部［au］兼有漳、泉二腔，但更接近於漳州腔。（4）《八音定訣》燈部［iŋ/ik］韻字，合併了《彙音妙悟》卿部［iŋ/ik］和生部［əŋ/ək］，只見於《彙集雅俗通十五音》經部［eŋ/ek］。可見，《八音定訣》燈部［iŋ/ik］綜合了漳、泉二腔。

綜上所述，《八音定訣》共有 42 個韻部，83 個韻母。現排比如下：

1 春 [un/ut]	2 朝 [iau/iauʔ]	3 丹 [an/at]	4 花 [ua/uaʔ]	5 開 [ai/aiʔ]	6 香 [iɔŋ/iɔk]
7 輝 [ui/uiʔ]	8 佳 [a/aʔ]	9 賓 [in/it]	10 遮 [ia/iaʔ]	11 川 [uan/uat]	12 西 [e/eʔ]
13 江 [aŋ/ak]	14 邊 [ian/iat]	15 秋 [iu/iuʔ]	16 深 [im/ip]	17 詩 [i/iʔ]	18 書 [ɯ/ɯʔ]
19 多 [o/oʔ]	20 湛 [am/ap]	21 杯 [ue/ueʔ]	22 孤 [ɔ/ɔʔ]	23 燈 [iŋ/ik]	24 須 [u/uʔ]
25 添 [iam/iap]	26 風 [ɔŋ/ɔk]	27 敲 [au/auʔ]	28 歪 [uai/uaiʔ]	29 不 [m̩]	30 梅 [əe/əeʔ]
31 樂 [ãu/ãuʔ]	32 毛 [ɔ̃/ɔ̃ʔ]	33 京 [iã/iãʔ]	34 山 [uã/uãʔ]	35 燒 [io/ioʔ]	36 莊 [ʊ̃/ʊ̃ʔ]
37 三 [ã/ãʔ]	38 千 [ãi/ãiʔ]	39 槍 [ĩũ/ĩũʔ]	40 青 [ĩ/ĩʔ]	41 飛 [ə/əʔ]	42 超 [iãu/iãuʔ]

總之，《八音定訣》綜合了泉州和漳州的語音特點，與現代廈門遠郊和同安方言語音特點更為接近。但在韻母擬音方面分韻部審音有問題。

（四）《八音定訣》的聲調系統

《八音定訣》有 8 個聲調：

韻書	聲韻	聲調							
		上平	上上	上去	上入	下平	下上	下去	下入
八音定訣	春部邊母字	分	本	坌	不	吹	笨	體	勃
彙音妙悟	春部邊母字	分	本	坌	不	吹	笨	體	勃
彙集雅俗通十五音	君部邊母字	分	本	糞	不	歕	——	笨體	勃

《八音定訣》與《彙音妙悟》一樣，均有 8 個聲調，即平上去入，各分陰陽。而《彙集雅俗通十五音》只有 7 個聲調。

關於《八音定訣》的聲調問題，學術界有不同的意見。有人認為《八音定訣》上上聲調與下上聲調嚴重混淆，我原來也持這種觀點。最近在整理《八音定訣》這部韻書時，我特別注意這個問題，發現文本本身就記載着上上聲調與下上聲調，而并非嚴重混淆。請看《八音定訣》42 個韻部這兩種聲調的整理：

韻部	上上	下上	同字	韻部	上上	下上	同字	韻部	上上	下上	同字
1 春部	56	16	4	15 秋部	39	26	0	29 不部	2	2	0
2 朝部	33	12	7	16 深部	23	16	0	30 梅部	6	8	0
3 丹部	38	24	3	17 詩部	65	47	0	31 樂部	14	7	0
4 花部	13	13	0	18 書部	49	23	0	32 毛部	25	10	0
5 開部	31	23	0	19 多部	47	30	0	33 京部	13	9	0
6 香部	44	20	0	20 湛部	29	13	0	34 山部	12	9	1
7 輝部	49	9	0	21 杯部	26	34	0	35 燒部	8	8	0
8 佳部	18	13	0	22 孤部	58	34	0	36 莊部	11	9	1
9 賓部	28	27	0	23 燈部	50	34	0	37 三部	14	12	0
10 遮部	13	14	0	24 須部	41	27	0	38 千部	21	14	0
11 川部	49	20	0	25 添部	25	12	0	39 鎗部	12	10	0
12 西部	35	25	0	26 風部	48	19	0	40 青部	15	14	0
13 江部	28	18	0	27 敲部	34	17	1	41 飛部	14	16	0
14 邊部	49	31	1	28 歪部	15	6	0	42 超部	26	7	0
小計	484	265	15	小計	549	338	1	小計	193	135	2

據統計，《八音定訣》共記載了上上聲調字1226個，下上聲調字265個；上上聲與下上聲同用一個字（简稱"同字"）計18個，其中春部4個（準阮忖忿），朝部7個（表窕邀殀眇稍曉），丹部3個（等散產），邊部1個（踐），敲部1個（找），山部1個（阪），莊部1個（磔）。總計1982個。上上聲調字1226個占總數的61.86%，下上聲調字265個占總數的37.24%，上上聲與下上聲同用一個字18個占總數的0.91%。可見，《八音定訣》上上聲與下上聲基本上是涇渭分明的。至於有18個韻字同時出現在上上聲與下上聲裡，那只是占總數0.91%的小數目，決不能說上上聲與下上聲是嚴重混淆的。

筆者曾發表了《海峽兩岸三地閩南腔動態比較研究》一文①，文中引用了杜嘉德關於古同安方言聲調的論述：

　　杜嘉德在《廈英大辭典》（1873）正文後"3. TONG－AN"中說："同安既可叫'tɔŋ－ŋan'亦可叫做'taŋ－uã'。嚴格上講，該地方言是最具泉、廈方言邊界的語音特點。它的聲調大部分比較靠近廈門話，但是在以泉州話為基礎那部分同安方言也帶有一些泉州話的聲調特徵。"《廈英大辭典》記錄古同安與古廈門均為7個聲調，這可以印證"它的聲調大部分比較靠近廈門話"，但沒有更多材料可以印證"在以泉州話為基礎那部分同安方言也帶有一些泉州話的聲調特徵"，只有兼漳泉二腔的《八音定訣》模仿《彙音妙悟》8個聲調可以透露一些資訊。鑒於現代同安方言聲調也是7個調類，《廈英大辭典》同安音系也是有7個聲調。

總之，《八音定訣》記載的8個調類，所反映的是具有古泉州音特點的古同安音，顯然該韻書的編撰是深受《彙音妙悟》8個聲調影響的。

---

① 馬重奇、林清霞：《海峽兩岸三地閩南腔動態比較研究》，《華夏文化論壇》2018年第2輯。

二 《八音定訣》與現代廈門、同安、金門方言音系歷史比較研究

本書廈門音系主要根據周長楫、歐陽憶耘《廈門方言研究》第一章“廈門方言音系”①，同安方言音系主要根據《同安縣誌》“方言卷”②，金門方言音系主要參考鄭藩派《金門縣・方言誌》③。

現將《八音定訣》與廈門、同安和金門方言音系歷史比較如下。

（一）聲母系統的曆史比較

現將《八音定訣》與現代廈門、同安、金門 3 個方言點的聲母系統比較如下：

八音定訣	柳 [l/n]		邊 [p]	求 [k]	去 [k‘]	地 [t]	頗 [p‘]	他 [t‘]	曾 [ts]
廈門方言	臨 [l]	林 [n]	疤 [p]	該 [k]	刊 [k‘]	打 [t]	葩 [p‘]	太 [t‘]	沾 [ts]
同安方言	來 [l]	腦 [n]	幫 [p]	甘 [k]	開 [k‘]	端 [t]	皮 [p‘]	桃 [t‘]	精 [ts]
金門方言	南 [l]	貓 [n]	邊 [p]	交 [k]	康 [k‘]	東 [t]	波 [p‘]	偷 [t‘]	貞 [ts]

八音定訣	入 [dz]	時 [s]	英 [ø]	文 [b/m]		語 [g/ŋ]		出 [ts‘]	喜 [h]
廈門方言	然 [l/dz]	西 [s]	阿 [ø]	麻 [b]	馬 [m]	樂 [g]	雅 [ŋ]	餐 [ts‘]	喜 [h]
同安方言	熱 [l/dz]	生 [s]	安 [ø]	明 [b]	摸 [m]	牛 [g]	雅 [ŋ]	昌 [ts‘]	喜 [h]
金門方言	然 [l]	山 [s]	英 [ø]	棉 [b]	棉 [m]	語 [g]	硬 [ŋ]	秋 [ts‘]	欣 [h]

上表可見，《八音定訣》與廈門、同安、金門諸方言聲母的系統基本上相同。[b]、[l]、[g] 後的韻母一般是非鼻化韻母，[m]、[n]、[ŋ] 後的韻母一般是鼻化韻母。十五音來母、日母字，廈門市區都讀 [l] 聲

① 周長楫、歐陽憶耘：《廈門方言研究》，福建人民出版社 1998 年版。

② 福建省同安縣地方誌編纂委員會編：《同安縣誌》，中華書局 2000 年版。

③ 鄭藩派：《金門縣・方言誌》，“金門縣文化局”，2013 年。

母，遠郊老派和同安多數人，來母讀作［l］聲母、日母讀作［dz］聲母。有所差異的只有"入"母字，廈門和同安一般都讀作［l］，老一輩人還讀作［dz］；金門人已均讀作［l］。

（二）韻母系統的歷史比較

現將《八音定訣》42個韻部與廈門方言、同安、金門方言韻母歷史比較如下：

1. 《八音定訣》"春朝丹花開香輝佳賓遮"與廈門、同安、金門方言比較

八音定訣	1 春 [un/ut]	2 朝 [iau/iauʔ]	3 丹 [an/at]	4 花 [ua/uaʔ]	5 開 [ai/aiʔ]
廈門方言	恩 [un] /骨 [ut]	刁 [iau] /嚼 [iauʔ]	安 [an] /遏 [at]	紙 [ua] /活 [uaʔ]	哀 [ai] /
同安方言	溫 [un] /熨 [ut]	妖 [iau] /攪 [iauʔ]	安 [an] /踢 [at]	誇 [ua] /割 [uaʔ]	哀 [ai] /
金門方言	巾 [un] /骨 [ut]	枵 [iau] /歠 [iauʔ]	安 [an] /結 [at]	蛇 [ua] /喝 [uaʔ]	排 [ai] /

八音定訣	6 香 [iɔŋ/iɔk]	7 輝 [ui/uiʔ]	8 佳 [a/aʔ]	9 賓 [in/it]	10 遮 [ia/iaʔ]
廈門方言	央 [iɔŋ] /約 [iɔk] 漳 [iaŋ] /逼 [iak]	圍 [ui] /割 [uiʔ]	加 [a] /鴨 [aʔ]	因 [in] /一 [it]	爹 [ia] /頁 [iaʔ]
同安方言	央 [iɔŋ] /約 [iɔk] 漳 [iaŋ] /星 [iak]	威 [ui] /血 [uiʔ]	阿 [a] /鴨 [aʔ]	因 [in] /七 [it]	車 [ia] /赤 [iaʔ]
金門方言	賞 [iɔŋ] /約 [iɔk] 雙 [iaŋ] /摔 [iak]	威 [ui] /血 [uiʔ]	阿 [a] /鴨 [aʔ]	枕 [in] /筆 [it]	睇 [ia] /頁 [iaʔ]

上表可見，《八音定訣》與現代廈門、同安、金門方言共有的韻母有：［un/ut］、［iau/iauʔ］、［an/at］、［ua/uaʔ］、［ai］、［iɔŋ/iɔk］、［ui/uiʔ］、［a/aʔ］、［in/it］、［ia/iaʔ］。差異之處有：（1）《八音定訣》有［aiʔ］韻母，現代廈門、同安、金門方言則無；（2）《八音定訣》香［iɔŋ/iɔk］，相當於現代廈門、同安、金門方言［iɔŋ/iɔk］和［iaŋ/iak］。

2. 《八音定訣》"川西江邊秋深詩書多湛"與廈門、同安、金門方言比較

現將《八音定訣》"川西江邊秋深詩書多湛"諸部與《擊掌知音》、

現代廈門、同安方言比較如下表：

八音定訣	11 川 [uan/uat]	12 西 [e/eʔ]	13 江 [aŋ/ak]	14 邊 [ian/iat]	15 秋 [iu/iuʔ]
廈門方言	彎 [uan] / 越 [uat]	溪 [e] / 呃 [eʔ]	翁 [aŋ] / 沃 [ak]	煙 [ian] / 傑 [iat]	丟 [iu] / 搐 [iuʔ]
同安方言	彎 [uan] / 決 [uat]	稽 [e] / 客 [eʔ]	翁 [aŋ] / 角 [ak]	煙 [ian] / 謁 [iat]	憂 [iu] / 搐 [iuʔ]
金門方言	彎 [uan] / 決 [uat]	雞 [e] / 白 [eʔ]	紅 [aŋ] / 六 [ak]	先 [ian] / 血 [iat]	優 [iu] / 搐 [iuʔ]

八音定訣	16 深 [im/ip]	17 詩 [i/iʔ]	18 書 [ɯ/ɯʔ]	19 多 [o/oʔ]	20 湛 [am/ap]
廈門方言	陰 [im] / 揖 [ip]	去 [i] / 缺 [iʔ]	——	保 [o] / 學 [oʔ]	庵 [am] / 壓 [ap]
同安方言	音 [im] / 急 [ip]	衣 [i] / 鐵 [iʔ]	豬 [ɯ] /	科 [o] 桌/ [oʔ]	庵 [am] / 壓 [ap]
金門方言	欣 [im] / 執 [ip]	己 [i] / 鱉 [iʔ]	豬 [ɯ] /	糕 [o] / 桌 [oʔ] / 尾 [ə]	貪 [am] / 十 [ap]

上表可見，《八音定訣》與現代廈門、同安、金門方言共有的韻母有：[uan/uat]、[e/eʔ]、[aŋ/ak]、[ian/iat]、[iu/iuʔ]、[im/ip]、[i/iʔ]、[o/oʔ]、[am/ap]。差異之處有：（1）《八音定訣》有 [ɯ/ɯʔ] 韻母，現代廈門方言則無，同安、金門方言只有 [ɯ] 韻母。（2）金門方言有 [ə] 韵母，《八音定訣》與廈門、同安方言則無。

3.《八音定訣》"杯孤燈須添風敲歪不梅"與廈門、同安、金門方言比較

現將《八音定訣》"杯孤燈須添風敲歪不梅"諸部與現代廈門、同安、金門方言比較如下表：

八音定訣	21 杯 [ue/ueʔ]	22 孤 [ɔ/ɔʔ]	23 燈 [iŋ/ik]	24 須 [u/uʔ]	25 添 [iam/iap]
廈門方言	灰 [ue] / 挾 [ueʔ]	雨 [ɔ] / 嗯 [ɔʔ]	英 [iŋ] / 益 [ik]	次 [u] / 托 [uʔ]	鹽 [iam] / 葉 [iap]
同安方言	杯 [ue] / 八 [ueʔ]	烏 [ɔ] / 嘔 [ɔʔ]	英 [iŋ] / 億 [ik]	汙 [u] / 托 [uʔ]	閹 [iam] / 接 [iap]
金門方言	挨 [ue] / 八 [ueʔ]	姑 [ɔ] / ——	明 [iŋ] / 益 [ik]	汙 [u] / 挨 [uʔ]	兼 [iam] / 葉 [iap]

八音定訣	26 風 [ɔŋ/ɔk]	27 敲 [au/auʔ]	28 歪 [uai/uaiʔ]	29 不 [m]	30 梅 [əe/əeʔ]
廈門方言	汪 [ɔŋ] / 惡 [ɔk]	拋 [au] / 暴 [auʔ]	歪 [uai] / 口 [uaiʔ]	懷 [m] / 默 [mʔ]	——
同安方言	翁 [ɔŋ] / 惡 [ɔk] / 風 [uaŋ] /	歐 [au] / 罩 [auʔ]	歪 [uai] / 口 [uaiʔ]	姆 [m] / 口 [mʔ]	——
金門方言	壯 [ɔŋ] / 作 [ɔk] / 風 [uaŋ] /	頭 [au] / 筴 [auʔ]	歪 [uai] /——	姆 [m] / 噷 [mʔ]	——

上表可見，《八音定訣》與現代廈門、同安、金門方言共有的韻母有：[ue/ueʔ]、[ɔ]、[iŋ/ik]、[u/uʔ]、[iam/iap]、[ɔŋ/ɔk]、[au/auʔ]、[uai/uaiʔ]、[m]。差異之處有：（1）同安和金門方言有 [uaŋ] 韻母，《八音定訣》與現代廈門方言均無；（2）現代廈門、同安、金門方言均有 [m/mʔ] 韻母，《八音定訣》則只有 [m] 韻母；（3）《八音定訣》有 [əe/əeʔ] 韻母，現代廈門、同安和金門方言則無。

4.《八音定訣》"樂毛京山燒莊三千槍青飛超"與廈門、同安、金門方言比較

現將《八音定訣》"樂毛京山燒莊三千槍青飛超"與現代廈門、同安、金門方言比較如下表：

八音定訣	31 樂 [ãu/ãuʔ]	32 毛 [ɔ̃/ɔ̃ʔ]	33 京 [iã/iãʔ]	34 山 [uã/uãʔ]	35 燒 [io/ioʔ]
廈門方言	鬧 [ãu] / 茅 [ãuʔ]	惡 [ɔ̃] / 膜 [ɔ̃ʔ]	營 [iã] / 㤉 [iãʔ]	碗 [uã]	挑 [io] / 藥 [ioʔ]
同安方言	腦 [ãu] / 口 [ãuʔ]	摸 [ɔ̃] / 膜 [ɔ̃ʔ]	聲 [iã] / 口 [iãʔ]	埯 [uã]	腰 [io] / 借 [ioʔ]
金門方言	鬧 [ãu] / 卯 [ãuʔ]	惡 [ɔ̃] / 膜 [ɔ̃ʔ]	埕 [iã] / 嚇 [iãʔ]	肝 [uã]	腰 [io] / 藥 [ioʔ]

八音定訣	36 莊 [ŋ/ŋʔ]	37 三 [ã/ãʔ]	38 千 [ãi/ãiʔ]	39 槍 [iũ/iũʔ]	40 青 [ĩ/ĩʔ]
廈門方言	秧 [ŋ] / 哼 [ŋʔ]	餡 [ã] / 喝 [ãʔ]	耐 [ãi]	羊 [iũ]	圓 [ĩ] / 物 [ĩʔ]
同安方言	秧 [ŋ] / 物 [ŋʔ]	擔 [ã] / 凹 [ãʔ]	間 [ãi]	鄉 [iũ]	嬰 [ĩ] / 捏 [ĩʔ]
金門方言	黃 [ŋ] / 物 [ŋʔ]	膽 [ã] / 凹 [ãʔ]	耐 [ãi]	量 [iũ]	圓 [ĩ] / 瞇 [ĩʔ]

八音定訣	41 飛 [ɤ/ɤʔ]	42 超 [iãu/iãuʔ]	——	——	——
廈門方言	——	貓 [iãu] / 嬈 [iãuʔ]	梅 [uĩ]	關 [uãi] / 𠮾 [uãiʔ]	嬰 [ẽ] / 脈 [ẽʔ]
同安方言	阿 [ɤ] / 呃 [ɤʔ]	貓 [iãu] / 口 [iãuʔ]	煤 [uĩ]	橫 [uãi] / 𠮾 [uãiʔ]	咩 [ẽ] / 口 [ẽʔ]
金門方言	——	貓 [iãu] / 嬈 [iãuʔ]	關 [uĩ]	關 [uãi]	——/ 喀 [ẽʔ]

八音定訣	——				
廈門方言	挾 [uẽʔ]				
同安方言	夾 [uẽʔ]				
金門方言	夾 [uẽʔ]				

上表可見，《八音定訣》《擊掌知音》與現代廈門、同安方言共有的韻母有：[ãu/ãuʔ]、[ɔ̃/ɔ̃ʔ]、[iã/iãʔ]、[uã]、[io/ioʔ]、[ŋ/ŋʔ]、[ã/ãʔ]、[ãi]、[iũ]、[ĩ/ĩʔ]、[iãu/iãuʔ]。差異之處有：（1）《八音定訣》

有［uãʔ］、［ãiʔ］、［ĩuʔ］韻母，廈門、同安、金門方言均無；（2）《八音定訣》和同安方言有［ɤ/ɤʔ］韻母，廈門和金門方言則無；（3）廈門、同安、金門方言均有［uĩ］、［uãi］、［ẽʔ］、［ũeʔ］韻母，《八音定訣》則無；（4）廈門、同安有［uãiʔ］、［ẽ］韻母，《八音定訣》和金門方言則無。

綜上所述，《八音定訣》與現代廈門、同安、金門方言共有的韻母有：［un/ut］、［iau/iauʔ］、［an/at］、［ua/uaʔ］、［ai］、［iɔŋ/iɔk］、［ui/uiʔ］、［a/aʔ］、［in/it］、［ia/iaʔ］、［uan/uat］、［e/eʔ］、［aŋ/ak］、［ian/iat］、［iu/iuʔ］、［im/ip］、［i/iʔ］、［o/oʔ］、［am/ap］、［ue/ueʔ］、［ɔ］、［iŋ/ik］、［u/uʔ］、［iam/iap］、［ɔŋ/ɔk］、［au/auʔ］、［uai/uaiʔ］、［m̩］、［ãu/ãuʔ］、［ɔ̃/ɔ̃ʔ］、［iã/iãʔ］、［uã］、［io/ioʔ］、［ŋ̍/ŋ̍ʔ］、［ã/ãʔ］、［ãi］、［ĩu］、［ĩ/ĩʔ］、［ĩau/ĩauʔ］。這些韻母分佈在《八音定訣》39個韻部72個韻母裡。差異之處有：（1）《八音定訣》有獨特的幾個韻母，是現代廈門、同安、金門方言所沒有的，如：《八音定訣》有［əe/əeʔ］韻母，現代廈門、同安和金門方言均無；《八音定訣》有［ɯʔ］、［aiʔ］、［uãʔ］、［ãiʔ］、［ĩuʔ］韻母，而現代廈門、同安、金門方言均無；《八音定訣》有［iɔŋ/iɔk］而無［iaŋ/iak］，而現代廈門、同安、金門方言則兼而有之；《八音定訣》和同安方言有［ɤ/ɤʔ］韻母，廈門和金門方言則無。（2）廈門、同安、金門方言有的韻母，《八音定訣》則無，如：廈門、同安、金門方言均有［uĩ］、［uãi］、［ẽʔ］、［ũeʔ］、［m̩ʔ］韻母，《八音定訣》則無；廈門、同安有［uãiʔ］、［ẽ］韻母，《八音定訣》和金門方言則無；同安和金門方言有［uaŋ］韻母，《八音定訣》與現代廈門方言均無；金門方言有［ə］韻母，《八音定訣》與廈門、同安方言則無。以上兩點，說明《八音定訣》與現代廈門、同安、金門方言還是有一些差別的，但與同安方言更近一些。

（三）聲調系統的歷史比較

現將《八音定訣》與現代廈門、同安、金門方言聲調系統的比較如下：

	聲　　調　　系　　統							
	上平	上上	上去	上入	下平	下上	下去	下入
八音定訣	分	本	坌	不	吹	笨	體	勃
廈門方言	吹 ts'e^{55}	轉 tŋ^{53}	貨 he^{21}	郭 keʔ^{32}	梁 nĩu^{35}	——	會 e^{11}	笠 lueʔ^{5}
同安方言	吹 ts'e^{44}	轉 tŋ^{31}	貨 he^{112}	郭 keʔ^{32}	梁 nĩu^{24}	——	會 e^{22}	笠 lueʔ$^{\underline{53}}$
金門方言	关 ku ĩ^{1}	抢 ts'iu^{3}	裤 k'ɔ^{3}	摔 siak^{4}	黃 ŋ^{5}	——	办 pan^{7}	直 tik^{8}

上文可見，《八音定訣》有 8 個聲調，平上去入各分陰陽；而現代廈門、同安、金門方言則只有 7 個聲調，平去入各分陰陽，上聲單獨一調。這說明《八音定訣》經過一百多年的演變，上上聲與下上聲逐漸融合成上聲調。

參考文獻

（清）黃謙：《增補彙音妙悟》，光緒甲午年（1894）文德堂梓行版。

（清）謝秀嵐：《彙集雅俗通十五音》：1818 年文林堂出版，高雄慶芳書局影印本。

（清）葉開溫：《八音定訣》：光緒二十年（1894）甲午端月版。

［英］杜嘉德（Carstairs Douglas）：《廈英大辭典》，正名 "*Chinese English Dictionary of the Vernacular or Spoken Langueage of Amoy, with the principal variations of Chang Chew and Chin Chew dialects*"，倫敦：杜魯伯那公司（Trubern & Co）1873 年版。

馬重奇：《閩台閩南方言韻書比較研究》，中國社會科學出版社 2008 年版。

馬重奇、林清霞：《海峽兩岸三地閩南腔動態比較研究》，《華夏文化論壇》2018 年第 2 輯。

周長楫、歐陽憶耘：《廈門方言研究》，福建人民出版社 1998 年版。

福建省同安縣地方誌編纂委員會編：《同安縣誌》，中華書局 2000 年版。

鄭藩派：《金門縣·方言誌》，"金門縣文化局"，2013 年。

新編《八音定訣》

馬重奇　王進安　新著
葉開溫　原著

八音定訣

序

文字之設由來久矣自古結繩為政至倉頡沮誦兩聖人始制文字以便民用然其間字數甚繁字義甚奧不特行商坐賈之人茫然罔覺即舉業者亦難盡識其後字彙一出音釋雖明猶未全備迨聖祖仁皇帝康熙字典出音釋既明字義又正而後天下無疑難之虞也雖然康熙字典固天下第一要書其中反切之音實未易辨商賈之人亦用不及惟十五音最便商賈之用倘有字不識或人名或器物一呼便知誠商賈之金丹也書坊刻本字義既繁帙數尤多而

且一字一音欲識何字本中難於翻尋葉君開溫近得鈔本將十五音之中刪繁就簡彙為八音訂作一本題曰八音定訣商賈之人尤為簡便不但舟車便於攜帶而且尋字一目可以了然葉君不敢私為秘寶欲行剞劂公諸同好囑序於余余不敢以不文辭爰掇數語以應葉君之盛意焉爾是為序

光緒二十年甲午端月　　覺夢氏書

八音定訣全集

字母法式

春朝丹花开香輝佳宝遮
川西江邊秋深詩書多湛
杯孤燈須添風敲歪不梅
樂毛京山燒莊三千槍青
飛超

十五音字母

柳邊求氣地頗他曾入時
英文語出喜

八音定訣全集

1 春部

柳
- 上平　●謩香・春頭
- 上上　●稱束・怨仔・碖石・忍吞
- 上去　●嫩好・姼弱
- 上入　●頦尾・禿毛・甩力・甩手
- 下平　●淪沒・崙崑・倫人・輪車・綸經・圇囫
- 下上　●惀恩
- 下去　●瀹水・論議・閏月・崙山・掄擇
- 下入　●硉矻・膟膦・繂繩・葎花・律法・訥言

邊
- 上平　●分開
- 上上　●焙始・庲性・本錢・畚器・奔車
- 上去　●糞泥・坋土
- 上入　●扒爬・不可

下平●咻風·吹簫
下上●笨粟·体蠢
下去●體肢
下入●孛星·浡然·勃變·渤海
求上平●⿱竹鈎慍·軍士·鈞百·筋骨·根枝·跟隨·君帝·均平
上上●⿰糹袞鈞·滾水·袞衣·鯀魚·緄索
上去●艮卦·棍槌
上入●榾祀·猾狡·骨肉·搰用
下平●⿰扌拳搥·裙褲·拳手·群伴·焄高
下上●⿰犭監獊·瀼湧·近親
下去●郡縣·涒灘
下入●汩地·掘土·⿰王胃玉·猾狡·滑澤·堀鋤
氣上平●琨玉·髡于·鯤鯨·昆弟·崑崙·坤乾
上上●閫內·壼肉·窘迫·捆打·綑縛·壟開

新編《八音定訣》 / 41

上去 ● 卧倒·眠床·睡醒·寐寤
上入 ● 諷伸·腽肉·窟突·屈柱·堀溝
下平 ● 勤儉·悃倦·芹菜·慰憖·困聚
下上 ● 坐近·墾開·涃厠·溷測
下去 ○
下入 ● 懸孤·倔盡·闊屍
地上平 ● 盹目·鈍刀·瀲厚·肫墾·諄教
上上 ● 瀲水·囷貨·腃肥·楯欄·盾石
上去 ● 頓首
上入 ● 咄言·融騧
下平 ● 燉煙·屑河·觳面·唇口·豚圭·唇兒·蜃虫
下上 ● 杶椿·沌混
下去 ● 鈍人·遁避·腊肥·遯阮
下入 ● 裌衣·呎嗟·揆堀·突流·埃搪

頗 上平 ●奔來·歡吐·貢然·奔走·沐水
上上 ●榜亂·挧起·搶車·飫食
上去 ●奔走·噴火·潰水
上入 ●刺刀·哮吹
下平 ●溢水·盆面·吩吐·葢覆
下上 ○
下去 ●唪㗄
下入 ●婷物
他 上平 ●吞忍·椿樹
上上 ●踎踏·氽水
上去 ●褪卸
上入 ●黜退·禿驢
下平 ●愿母
下上 ○

下去 ●填補·增補

下入 ●脫胎

曾上平 ●鐏酒·尊敬·蹲踞·遵循·樽酒·逡巡·噂聚

上上 ●準準·準法·准呈·隼鳥·唯口

上去 ●圳坑·浚井·峻嶺·俊傑·畯田·駿馬·踆完

上入 ●卒兵·卒兵·淬水

下平 ●存亡·船隻·舟人

下上 ●準則

下去 ●挼折

下入 ●秋面·朮煞·榨持·猝倉·朮米·烁烟·峷坑

入上平 ●欄木

上上 ●噯呪

上去 ●晌膆

上入 ○

								時				英	
下平	下上	下去	下入	下平	下去	下上	下入	上平	上上	上去	上入	上平	上上
●瞓	○	●潤澤	○	●純粹·旬日·巡視·荀子·醇厚·恂冠	●順從	○	●述稱·術心·沭水	●孫子·殀食·餐饗	●損益·笋竹·筍冬	●瞬息·舜禹·遜揖·巽卦	●率爾·蟀蟋·戌時·恤衰·帥師	●溫故·恩情·殷勤·鰮魚·瘟疾	●尹姓·隱匿·允信·隕隧·隱公

上去●霣死·藴蓄·醞釀·膃肥·緼結·慍怒

上入●尉遲·鬱抑·蔚秀·菀茂·鬱氣

下平●云日·沄水·芸草·匀偏·秐耕

下上●犹獵·許諾

下去●運氣·韻聲·韻音

下入●遹回·聿耒·鷸巢

文

上平●頵曉

上上●刎口·伆頸·們我·蚊虫·芴草

上去○

上入●魩鰹

下平●文章·門戶·聞見·紋斜·玟銀

下上●悗心

下去●問心·汶氷·紊亂

下入●歿死·物件·沒湮·勿止·圽埋·玫玉

語								出					
上平	上上	上去	上入	下平	下上	下去	下入	上平	上上	上去	上入	下平	下上
●虎聲	●阮親	○	●訖完·矶砗·仉女·汔水·屹崎	●銀錢·閭閻	●阮自	●憨悶	●杌檮·脆尵	●伸錢·春秋·村鄉·春玉·唪吹·蓉日	●蠢愚·舛錯·忖柿·蓍草·躇雜	●寸尺	●出入·炙火	●悙敬	●忖度·脃胸

新編《八音定訣》 / 47

喜

下去●攔揖
下入●豀聲·怀懼
上平●緡絲·分明·婚姻·芬芳·薰香
上上●憤怒·忿恨·粉米·扮拙·狠花
上去●釁起·訓教·奮志·糞土·債敗
上入●弗與·拂恍·笏玉·祓潔·第筆·囫圇
下平●雲雨·魂魄·痕血·墳上·坟墓·焚火
下上●忿怒
下去●恨怨·渾成·分應·溷亂·牽跳
下入●祓果·佛神·胈肉

柳上平 ●撩撥　2朝部

上上 ●了然・瞭明・憿照・嫋嫋

上去 ●炑火・炙柴

上入 ○

下平 ●寮官・聊借・僚同・寮姓・遼遠

下上 ●蔦草・夯軟

下去 ●料逆・嫽好・廖姓・繚牛・療病

下入 ●嘹怯

邊上平 ●標秒・䒷草・袀斗・標緻

上上 ●表裏・裱褙・媬娼・俵散

上去 ●標麾

上入 ●票卷

新編《八音定訣》 / 49

下平 ●魍鬼

下上 ●表揚

下去 ●殍餓・荵草

下入 ○

求上平 ●驕傲・嬌妖

上上 ●矯強・皎月・皦明

上去 ●叫呼

上入 ●撽摸

下平 ●橋路・喬木・翹蓮

下上 ●嘐應・伾行・獢狼

下去 ●簥行・轎輦

下入 ●撽木

氣上平 ●蹺蹊・蹻足・橇乘

上上 ●恔巧

上去	上入	下平	下上	下去	下入	上平	上上	上去	上入	下平	下上	下去	下入
●	●	○	○	●	●	地●	●	●	○	●	●	●	●
窾通	憂竿·碣韶			膚屋	硜石	上平彫落·雕刻·貂鼠·剮琢·凋殘	瞿立·燿好·鸞鳴	寫遠·吊紙·釣魚		椆維·朝廷·潮水·條目·調和	旎旂·兆彩·肇始·趙姓·晁盡	銚鼎·鉛頂·召呼·蓧荷	趣奇

頗上平●飄然・廐耘・縹緲・標榜・飄風	上上●剽末	上去●標碑・漂流・膘脾・票單	上入〇	下平●瓢匏・薸萍・勲示・嫖賭	下上〇	下去●俵散	下入●瞟耳	他上平●刁難・挑撻・朷木・挑祀	上上●窈窕	上去●跳出・眺望・頫聽・超躍	上入〇	下平●姚花・鮋魚	下上●窈窕

| 上去 ●柱樑 |
| 上入 ●揞裂 |
| 上去 ●拄 |
| 曾上平 ●蕉葉・釗名・招來・昭明・椒櫚 |
| 上上 ●沼池・鳥獸 |
| 上去 ●照映・炤明・蘸齊・曌武 |
| 上入 ●跖 高跳 |
| 下平 ●憔悴・樵木・瞧聲・焦火・譙苦 |
| 下上 ●找相 |
| 下去 ●屌陰 |
| 下入 ●呢 聲鳥 |
| 入上平 ●裯 衣劍 |
| 上上 ●了無・遶迨・爪牙・苆菜・擾煩・繞纏 |
| 上去 ●緧紗 |
| 上入 ●饒足 |

下平●饒裕
下上●遶走
下去●尿屎
下入●芪籬
時上平●霄雲·燒火·蕭管·消除·逍遙
上上●小大·少多·苶草
上去●嘯虎·肖不·誚譏·蠨蛛·鞘刀
上入●縮男·削修
下平●韶樂·昭精
下上●嬲嫐·邵姓
下去●紹繼·召公
下入●涉水·折 木折
英上平●夭好·腰身·飢寒·饑飽·妖嬌
上上●鷕雉·殀歿·窈窕

調	例字
上去	●要切・实深
上入	●約斷・蛐蜻
上平	●遙遠・瑤瓊・搖動・姚姓・熘先
下上	●歾矩
下去	●耀光・曜熠・燿熠・鴞鳥
下入	●欲貪・育養
文上平	●瞑目
上上	●眇少・緲縹・藐法・杪木・邈遠
上去	○
上入	○
下平	●苗禾・貓鳥・描師・貓鼠
下上	●眇 目一
下去	●妙美・妙精・廟宗・廟中
下入	○

語　上平●曉
　　上上○
　　上去●猇豕·剽削·澆名
　　上入●挖摸
　　下平●堯舜·蕘藬·嶢峯
　　下上○
　　下去●覡視·哨立
　　下入○
出　上平●超越·弨弓·抄寫·袑名·搜尋
　　上上●稍寬·悄憂·愀孫
　　上去●笑喜·克肖
　　上入●拍打
　　下平●鏊畚
　　下上●稍罯

					下入○	下去○
				下去●贇散	下入○	
			下上●曉日			
			下平●嫩嬲			
		上入●讕戲・嘲誚				
	上去●孝行					
	上上●曉悟					
喜上平●僥倖・徵求・梟首・憿幸						

八音定訣全集

3 丹部

柳上平 ●攤開

上上 ●懶惰·咱自·孄怠·㧎顏

上去 ●嗽怠·勔名

上入 ●捒手

下平 ●難芀·蘭桂·欄杆·闌花·欄木

下上 ●爛燦·生鳥·瀾波

下去 ●癩瘻

下入 ●力氣·歷年·勜魚·勒馬·鱺魚

邊上平 ●班列·頒白·斑色·攽賜

上上 ●板印·版籍·坂土·昄章

上去 ●挷 也絆

上入 ●八九·捌七·玖玉·釛 金冶

上上●侃直	氣上平●刊刻·牽挽·衍樂·看觀	下入●嘎口	下去○	下上●蝀赤	下平○	上入●割肉·葛魚·轇轕	上去●蜩蛙·諫諍·澗溪·幹事·間斷	上上●簡仔·束帖·菖蒲·撰選·稺術	求上平●干求·間中·肝胆·艱苦·竿草·姦淫	下入●別人	下去●瓣瓜·办買·辦理	下上●份片	下平●瓶酒

新編《八音定訣》 / 59

- 上去 ● 看花·磬玉
- 上入 ● 揭鼎·渴口·潎口
- 下平 ● 顧脰
- 下上 ○
- 下去 ○
- 下入 ○
- 地上平 ● 丹山·單孤·釘鐵·砰石·鄆邯
- 上上 ● 等按·舥小·狙獸
- 上去 ● 旦夕·担擔
- 上入 ● 妲巳·呾呵·詛諍
- 下平 ● 彈琴·亭樓·壇香·陳姓·檀弓
- 下上 ● 頋蘇·等待·誕語
- 下去 ● 殫畢·但見·憚煩
- 下入 ● 笛吹·達通·值得

字	上平	上上	上去	上入	下平	下上	下去	下入	他上平	上上	上去	上入	下平	下上
頗	●攀桂・扳扯	●昄白・閬門	●盼望	●矻石・齓齒・汃波	○	●盼目	○	○	●嗶眾・灘水・幝車・蟶蚵	●亶然・坦平・祖禓・禮褥・氈仔	●趕時・炭火・嘆氣・欷息・趁錢	●塞空・撻靼・達門・鞭挑・獺魚・嶢跳・榻書	●擅香	●癉彰・僤厚

下去 ○

下入 ●撻木·汋流

曾上平 ●曾姓·檜枸·繒綸·罾網

上上 ●璀玉·琖杯·盞酒

上去 ●賛參·贊助·鄭邑·讚稱

上入 ●節年·札書·匝胖·泗水

下平 ●殘害·層次

下去 ●酸爵·儧聚

下入 ●助相

下入 ●鯛木·鹹水

入上平 ○

上上 ●㲂

上去 ●蜓蜿

上入 ●袹腹

上上 ●　唵　愛親
英上平 ●　安平・鞍馬
下入 〇
下去 〇
下入 ●　散藥・產業
下平 〇
上入 ●　薩菩・殺人・虱梳
上去 ●　霰雲・散離・線針・傘雨
上上 ●　產物・散藥・剷削・搬指
時上平 ●　刪刻・芟除・山水・珊瑚・潸淚
下入 ●　襛　織裝
下去 ●　磹　道棧
下上 ●　豻　犬野
下平 ●　喋　也笑

新編《八音定訣》 / 63

上去●案盜·按公·晏早	上入●摳拵·過類·頦額	下平●棘謹	下上●限寬	下去○	下入●鷚 聲鵲	文上平●屁孤·蠱虫	上上●挽牽	上去●嫚侮	上入●覓尋	下平●墁瓦·漫水·閩省·蠻夷·縵魚	下上●謾皮·慢怠·萬千·曼心·蔓草	下去●萬事·饅頭	下入●密疏

上平 ●嚵爭 語
上上 ●眼目
上去 ●滗水
上入 ●窊戒·圪山
下平 ●唸有·彥聖·啍歸
下上 ●諺俗·雁飛
下去 ●鴈鳥·岸田
下入 ○　下去○
出上平 ●餐素·湌食·潺水
上上 ●屍民
上上 ●輇食·箅子
上去 ●粲米·襯皮·燦爛
上入 ●擦散·察審·漆桿
下平 ●田姓　下上○

下去 ○
下入 ●賊盜
喜上平 ●哗叫
上上 ●嫺索·睍視·們固
●罕希
上去 ●漢朝·僕人
上入 ●轄下·喝喊·褐衣
●曷何·豁克
下平 ●閒暇·寒暑·閒雅
●韓姓
下上 ●翰林·限寬·旱天
下去 ●汗流
下入 ●穀觫

八音定訣全集

4 花部

柳 上平●鸜雞
　　上上●拷坦
　　上去●灘水
　　上入●觸鹽
　　下平●藍米・籃竹
　　下上●奈無・賴姓
　　下去●蠣青
　　下入●壢園・辣芥・櫛梳
邊 上平●坯
　　上上●璇
　　上去●籤笶・簸箕
　　上入●盍皿・撥擺・砵磜
　　　　●皿鉢

　　下平○
　　下上○
　　下去○
　　下入●跋涉・鈸銅
求 上平●瓜木・柯姓
　　上上●鈄夯
　　上去●掛礙・卦八・蓋唇
　　上入●割肉・葛布
　　下平○芥菜
　　下上●嘲叭
　　下入●笩
氣 上平●剒刀・袴視・誇言
　　　　●副心・跨勢
　　上上●咔步

上去●絓馬·掛碍·挂碍	上入●闊廣	下平○	下上●洿忌	下去○	下入●跨	地上平○	上上○	上去●帶絲	上入●攏採	下平●拕沙	下上●舵船	下去●大小	下入○

頗上平●波姜	上上○	上去●破敗	上入●潑水	下平○	下去○	下入●蹴足	他上平●拖欠	上上○	上去●泰長	上入●獺魚	下平●蘆虫	下上●仝上

下去〇

下入〇

曾上平●樞繫
上上●㿦筆·紙筆

上去〇

上入●拙時

下平●蛇龍

下上●咀呪

下去●仝上

下入●蝃蚎

入上平〇

上上〇

上去〇

上入〇

下平〇

下上●若干

下去●仝上
下入●熱日·暑寒

時上平●砂硃·沙泥·鯊魚·鈔病

上上●饌房·耍郎

上去●諛長·鬼鬼·續繼

上入●煞神·杀氣

下平●瞰

下上●吵

下去●抄盪

下入●赹走

英上平●哇吐·驕驥·蝸字·蛙水

上上●瓦磚·倚依

上去　●擽樣
上入　●扲番
下平　●何姓
下上　●話言
下去　●畫古
下入　●活生
文　上平○　上上○　上去○
上入　●秣馬・抹藥
下平　●勞力・磨石・麻黃
　　　●蔴荳
下上　●托露
下去　●仝上
下入　●策末

語　上平○
上上　●我爾
上去　○
上入　○
下平　○
下上　●外內
下去　●仝上
下入　○
出　上平○
上上　●尬爛
上去　●蔡姓
上入　●嚓檢・撮要・擦相
下平　○
下上　●炁相

八音定訣全集

5 開部

柳上平 ● 鰊齒
上上 ○
上去 ○
上入 ○
下平 ● 來往・萊蓬・梨菓
下上 ● 內外・利鈍
下去 ○
下入 ○

邊上平 ● 籠竹
上上 ● 擺撥・儴停
上去 ● 拜跪
上入 ○

下去 ● 娶嫁
下入 ● 歪歪
上上平 ● 花草
喜上平 ● 嗉（大口酒器）
上去 ● 化變・匕古・叱開
上入 ● 喝喊
下平 ● 譁喧・燁火・華西
下上 ● 話說・獲罟
下去 ● 畫古
下入 ● 従行

下平●碑石·牌票·排推·徘徊

下上●敗壞

下去〇

下入〇

求上平●皆合·偕老·階級·堦砌·該宜·楷木

上上●改易·解說

上去●屈期·介一·价貴·蓋厝·界域·芥菜·戒慎

上入〇

下平●燨（羊胎也）

下上〇

下去〇

下入〇

氣上平●開分

上上●愷悌·覬端·凱風·闓風

新編《八音定訣》／ 71

上去●慨同・曁及・曁閩・溉浸・槩木
上入○
下平○
下入○
下上●苄 聲大
下去●苄 聲庚
下入○
地上平●稊黍・衹鮎
上上●釵鎟・歹良
上去●帶冠・戴姓
上入○
下平●臺灣・檯灼
下上●代世・袋布・逮及・殆危・大小・怠惰
下去●黛青・蚩虹・岱山・貸貨
下入○

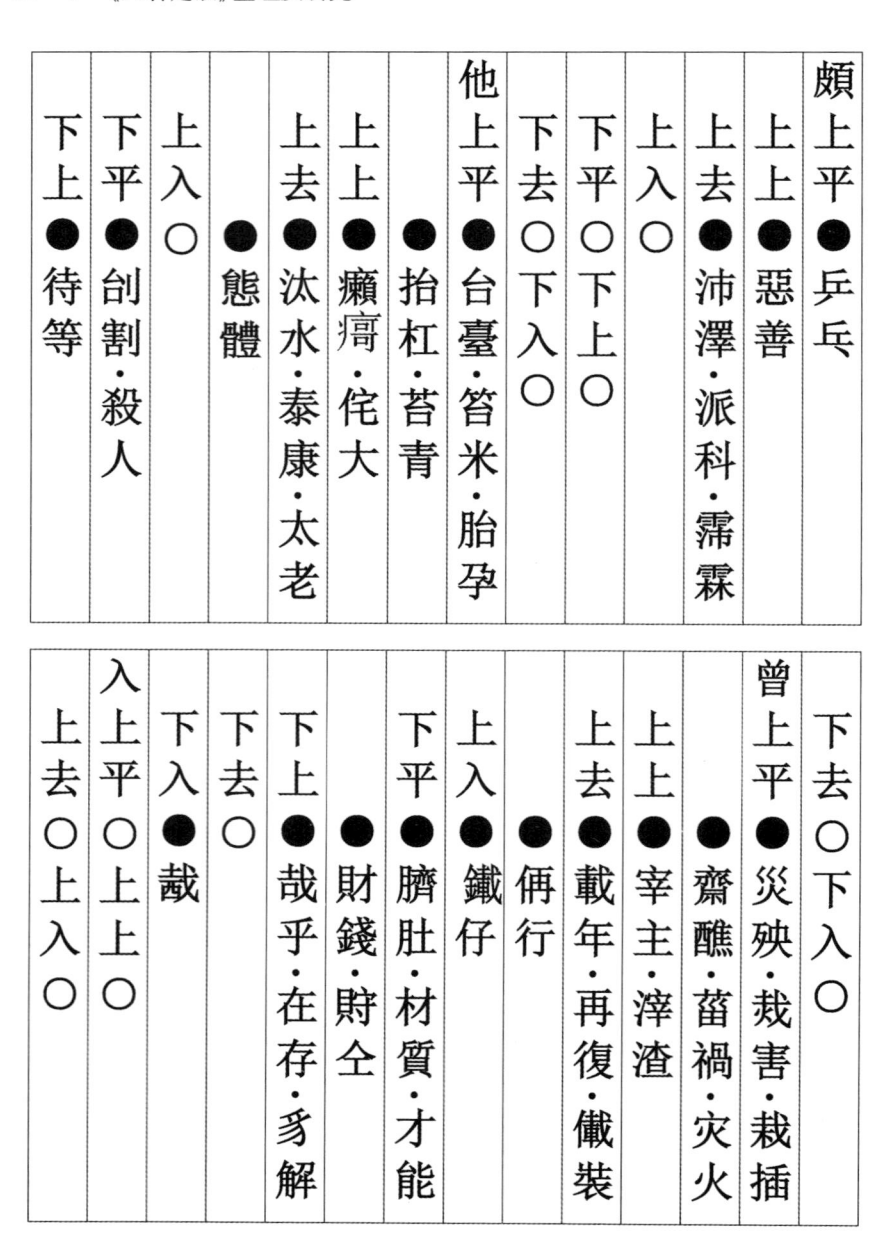

頗　上平●乒乓
　　上上●惡善
　　上去●沛澤·派科·霈霖
　　上入○
　　下平○下上○
　　下去○下入○
他　上平●台臺·笞米·胎孕
　　　●抬杠·苔青
　　上上●癩痞·侘大
　　上去●汰水·泰康·太老
　　　●態體
　　上入○
　　下平●刣割·殺人
　　下上●待等

　　下去○下入○
曾　上平●災殃·栽害·栽插
　　　●齋醮·菑禍·灾火
　　上上●宰主·滓渣
　　上去●載年·再復·儳裝
　　　●倆行
　　上入●鐵仔
　　下平●臍肚·材質·才能
　　　●財錢·賍仝
　　下上●哉乎·在存·豸解
　　下去○
　　下入●哉
　　入上平○上○
　　上去○上入○

下平○	下上○	下去○下入○	時上平●獅豹·西東·犀象	上上●史姓·屎尿·使差	上去●婿女·壻子·塞門	上入○下平○	下上●事奉	下去●歹在下入○	英上平下上●哀怨·埃塵·挨揀	上上●靉靆·謁見·藹士	●餲味	馺船 賽名·使官

上去●愛友·愛令·隘關	上入●噯喲	下平○	下上○	下去○	下入●噯氣	文上平●胺胺·之之	上上●胦星·燮鬼	上去●骾愚	上入○ 下平●埋怨·眉目 下上●餪房 下去○ 下入○

語上平●噎瘵
上上●顧（視笑）
上去●不　上入○
下平●呆痴・涯水・崖山
下上●獃愚
下去●刈割　下入○
下上●艾火・碍掛
出上平●猜疑
上去●彩色・采丰・採取
上入●綵華
上去●菜苣・蔡姓
下平●豺狼・裁衣・褚香
下上●豎柱

下去○
下入○
喜上平●甦大
上上●海江・駭異・醯醋
上去●恢男・咳喲
上入○
下平●械器・諧和・骸骨
下上●孩兒
下去●亥財・害傷・獬許
下入●亥時・蟹蝦
下去●邂逅
下入○

八音定訣全集

柳 6香部

- 上平 ●櫳玉・瑯玉
- 上上 ●倆伎・兩斤・魍魎
- 上去 ○
- 上入 ●忸怩・蚟蜺・擸拉
- 下平 ●梁姓・龍虎・隆興・量思・娘爹・涼冷・糧酌・良心
- 下上 ●嘹响・諒約・亮光・輛車
- 下去 ●量度
- 下入 ●戮誅・錄抄・六七・罍武・綠荳・陸水

邊

- 上平 ●颯虫
- 上上 ○
- 上去 ○
- 上入 ○

上上	氣上平	下入	下去	下上	下平	上入	上去	上上	求上平	下入	下去	下上	下平
●恐懼	●羌活·姜女·穹蒼	●踢躅·局棋	○	●共相	●蛮虫·強弱·窮困	●掬手·鞠躬·菊花·脚夫·匊承·鞫問	○	●拱照·龔姓·珙惶·栱料·鞏固	●疆界·弓矢·恭敬·宮室·躬身·薑菜	○	○	○	○

上去	上入	下入	下平	下上	下去	下入	地上平	上去	上上	上入	下平	下上	下去	下入
○	●曲直・却拾・卻之・御意	●窺卜	●佝 貌小	●咻 罪問	○	●張姓・中正・忠義	長幼	●賬目・帳蚊・脹腫・悵惘・漲水	●竺天・竹松・築造	●場戰・腸肝・塲造・長短・萇弘	●重輕・丈寸・仲伯・杖柺	●仗倚	●逐革・着定

頗						他					
上平〇	上上〇	上去〇	上入〇	下平〇	下去〇	上平●	上上●	上去●	上入●	下平●	下上●
						忡忡·衷情	冢幸·寵愛·塚坟	韄弓·暢樂·邕經	畜六·惛心·薔積	虫蟷·蟲蛇	影盡

上入	上去	上上	入上平	下入	下去	下上	下平	上入	上去	上上	上平	下入	下去
〇	〇	●嚷鬧・釀蜜・冗治・壞原・攘羊	●儴仍	●嬎 女美	●狀元	●樅木	●从古・從相	●祝福・足手・爵祿・燭香・酌酒・粥飯	●瘴瘟・眾多・種耕・醬荳	●腫脹・種子・蔣姓・踵門・掌管	曾●鍾金・螽斯・鱘魚・終始・章文・將軍・漿水・漳州	〇	〇

下平	下上	下去	下入	時上平	上去	上上	上入	下平	下上	下去	下入	英上平	上上
●	●	●	●	●	●	●	●	●	●	●	●	●	●
戎狄·戒兵·絨絲·茸鹿	讓遜	穰祭	辱榮·褥被·肉骨·弱強·若倘	箱籠·觴音·相共·廂西·殤殘·傷害	賞罰·想思	相將	蹜顛·蕭端·叔伯·宿止·菽荳·縮狂·踧踖	裳衣·祥瑞·常平·詳細·松柏·翔翱·嘗未	下上下·尚和	誦經·頌美·象豹·訟告·像形·漾濟	屬眷·續接·孰誰·熟成·俗風·蜀西·贖取	雍和·癰疽·鶯鴦·央中·秧稗·殃災·饗餐	養撫·勇力·俑木·湧泉·踴躍·甬道·湧水

下入	下去	下上	下平	上入	上去	上上	文上平	下入	下去	下上	下平	上入	上去
○	○	○	○	○	○	●飬	○	●浴沐・育生・欲看・躍踊・藥抹・慾情・毓疏	○	●恙(也病)・樣花・用費	●鏞鍾・楊姓・陽陰・庸中・蓉芙・洋江・揚名	●約合	●映相・擁蜂・甕瓵・甕土・抰玉・雍寒

下上	下平	上入	上去	上上	出上平	下入	下去	下上	下平	上入	上去	上上	語上平
●	●	●	●	●	●	●	○	○	●	○	●訽 正語	●仰俯	●璽愚
匠木	薔薇·墻壁·牆揖·嬙勝	蟄悅·蠆怒·捉擒·鵲鳥·雀孔·綽公	唱歌·縱放·昶	聳耳·廝營·搶刦·鵁鳥·敞名	菖蒲·充足·昌盛·沖破·娼婦·菖葛	鈺堅·虐暴·獄訟·玉金			顒頭·喎魯				

新編《八音定訣》／ 83

| | | | | 下入○ | 下去○ | 下上●珛玉 | 下平●熊掌・雄英 | 上入●彧純・勗助・郁文・謔戲・頊敬・旭日 | 上去●向坐・餉糧 | 上上●享福・響尚・嚮用・響音・响亮 | 喜上平●鄉里・兇威・凶吉・香燭・酗酒 | 下入○ | 下去○ |

八音定訣全集

柳部 7 輝部

調	字
上平	●倭薑
上上	●磊落・壘土・蕊花・累債・荔枝・蘁葛
上去	●睞視・踈足
上入	○
下平	●雷電・螺蝦・晶田・擂搥・霓纏・縲絏
下上	●壘土
下去	●類同・累拖・淚哀・彙品・耒耜・灑衣
下入	○
邊上平	○
上上	●髀骨
上去	○
上入	○

下平	●肥瘠
下上	○
下去	●吠狗
下入	●拔抽
求上平	●規矩・歸回・龜鼈・閨深・窺視・瑰玉・闚邵
上上	●詭計・傀儡・鬼神・軌車・揆度・甌甌
上去	●貴富・桂花・癸亥・季年・悸帶垂
上入	○
下平	●奊戰・葵花・夔木・達通・騤馬
下上	●饋送・跪拜・鐀金
下去	●餽送・遺贈・饋中・匱空・櫃樹・韢繡
下入	○
氣上平	●開分・虧心
上上	●汍泉・箟簹・詭譎・頯仲・軌車・塊垣

上去	上入	下平	下上	下去	下入	地上平	上去	上上	上入	下平	下上	下去	下入
●愧怍・氣心・媿羞	○	●歸鬼	●揆度	●媿羞	○	●追趕・堆金・搥擲・礧石・槌棍	●對答・確舂・靐雲	●攛扒	○	●槌幼	○	●隊伍・墬隤・懟怨・譈雲・懫惡・碌石	○

新編《八音定訣》 / 87

頗 上平 ○
上上 ● 皴口
上去 ● 屁放·唾罵
上入 ○
下平 ○
下上 ● 胺邊
下去 ● 稗苗·蟬尿
下入 ● 齔崷

他 上平 ● 梯階·推諉
上上 ● 隋姓·腿脚·褪褲
上去 ● 替身·脫揳
上入 ○
下平 ● 搥箭·錘稱
下上 ● 踶脚

下去●墮石·餽重
下入○
曾
上平●觜角·椎鍼·鳩鳥·錐子·雛鳥·踓蹝
上上●水火·沝池
上去●醉酒
上入○
下平●朘陰·厜山
下上○
下去●誶言·萃聚·瘁勞·崒嵂·悴憔·顇顦
下入○
入
上平●痿痺
上上●蕊蕋
上去●芮草
上入○

新編《八音定訣》 / 89

| 下平〇 | 下上〇 | 下去〇 | 下入〇 | 時上平●綏冠・雖然・簑棕・菱莞・雖安 | 上上●水火 | 上去●帥將・戍出・崇怪・睡臥・唾涎 | 下入〇 | 下平●誰人・錘稱・垂衣・隨跟・墮山 | 下上〇 | 下去●燧燁・穟麥・瑞祥・遂成・璲玉・檖樹 | 下入〇 | 英上平●威形・萎靈・葳草・痿病・蝛蚏 | 上上●韋氏・喟嘆・委曲・偉奇・葦一・諉推・唯諾・渭水 |

上去	上入	下平	下上	下去	下入	文上平	上上	上去	上入	下平	下上	下去	下入
●畏懼·慰安·蔚委	〇	●遺棄·圍棋·為人·幛帳	●胃脾	●謂說·位官·胃脾·焟火·畫像·蜎虫	●畫地	●苊草	〇	〇	〇	〇	〇	〇	〇

語	上平	上上	上去	上入	下平	下上	下去	下入	出上平	上上	上去	上入	下平	下上
○	○	●巍若·詭隨	●醴醉	○	●危亡·嵬崔·巍大	●硊石	●魏氏·偽假·傀峻·譌詐	○	●崔杼·吹簫·催廹·毳衣·推尊·炊煮	●髓骨·揣度·蕊衣·氉毛	●翠青·嘴角·碎破·崒呼	○	○	○

下去○	下入○	喜上平●徽美·飛走·非是·輝光·霏雪·菲芬	上上●翡翠·匪比·簾筐·斐文·揮淚·毀罵·韭菜	上去●諱阮·卉木·費用·喙置·梱草	上入●血氣	下平●肥瘦·磁器·腓字·痱阮·痱病	下上○	下去●憓愛·惠恩·緯紗·嘒口·穗禾·慧知·吠犬	下入○			

八音定訣全集

| 八音定訣 | 柳上平 ●嘮哩 | 8佳部 | 上上 ○ | 上去 ○ | 上入 ●嗽噠 | 下上 ○ | 下去 ○ | 下平 ●磅礴 | 下入 ●勝油·撈根 | 邊上平 ●巴弓·芭蕉·疤痣·舥經·䰾鯽·䰾紛 | 下入 ●臘月·蠟等·獵打·鱷鮫·蠟礁 | 上上 ●把持·飽食·鈀佳 | 上去 ●壩溪·豹虎·霸國 | 上入 ●百年 |

| 下平●爬跋 | 下上●罷休 | 下去○ | 下入○ | 求上平●加添·佳人·嘉善·家寶·鮫鯦·蜘走 | 上上●竿桶·假真·賈玉·殺斬·櫃梧·絞犯 | 上去●駕馬·嫁娶·架木·稼穡·價數 | 上入●鉀鉄·甲子 | 下平○ | 下上●咬狗 | 下去○ | 下入●哈籫 | 氣上平●脚手·鬪拈 | 上上●巧奇 |

新編《八音定訣》／ 95

上去●扣除
上入●簽大·筐魚
下平〇
下去〇
下上〇
下入●閘門
地上平●礁白·乾脯
上上●遐邇·搭抨
上去●罩雞·簧魚
上入●穋稷
下平〇
下去〇
下上〇
下入●踏足

頗上平●脬生·拋網·跑走·枹柘
上上〇
上去●冇冇·怕不·帕花
上入●打相·摶鼓·樸摯·摯拍
下平〇
下去〇
下上●莔成
下入〇
下平〇
他上平●他人
上上〇
上去●叱咤·詫地·諺夸
上入●塔造
下平〇
下上〇

下去○

下入● 叠重

曾上平
下去● 渣藥·查收

上上● 早晚·蚤起

上去● 詐譌

上入● 錘鐵

下平○

下上● 乍見

下去● 仝上

下入● 截把·戮記·攦搶·攔銅

入上平● 䔲（聲薑）

上上○

上去○

上入○

下平● 擠搔

下上○

下去○

下入○

時上平● 娑婆·砂硃·沙泥

● 鯊魚

上上● 灑消（洒瀟）

上去● 掃箒

上入● 乩風

下平○ 下上○

下去○

下入● 夷洗·熠煑

英上平● 呵兄·鴉烏·錏鋜

上上● 癆病·啞聾

上去	上入	下平	下上	下去	下入	文上平	上上	上去	上入	下平	下去	下入
●亞元	●押鎖·鴨鵝	○	●諾應	●唯許	●匣鏡·閒花	●吧打·皷哂	●媽祖·媽爹	○	●朒羊	●麻風·蘇油·貓鼠	●仝上	●覓放

語
上平 ● 犽啁·呀疑
上上 ○
上去 ○
下平 ○
上入 ○
下上 ● 伢人
下去 ● 迓迎
下入 ○
出上平 ● 叉潑·槎木·差使
上上 ● 权公·唻語
上去 ● 炒煎
上去 ● 瘥愈·鈔錢·螯毒
上入 ● 插花
下平 ● 柴草
下上 ● 庠具·疟屋·溠水

（下上●伢 旁註：玉次）

下去 ○
下入 ● 奁大
喜上平 ● 嗄喘 上上 ○
上去 ● 譃誴·孝子·鎊與
上入 ● 岬山·焿火·呷家
嘑帶
下平 ● 瑕玉·騢馬·雲霞
鰕魚·蟹蝦
下上 ● 間開·下上·夏春
下去 ● 廈門·暇日·嗄呵
下入 ● 籜竹

八音訣全集 9 賓部

柳

上平 ●乳牛・鱗紗・嗹嘮

上上 ●恁阮

上去 ●硋石・轔車

上入 ●頸頭・轔車

下平 ●遴馬・鄰佑・僯居・麟麒・鱗魚・綾紅

下上 ●閵（如相輝聲車）・藺草・磷薄・鄰車・悋多

下去 ●佞驕・吝口・磷薄・鄰車・悋多

下入 ●勒索・繳素

邊

上平 ●斌文・濱水・邠州・梹榔・彬雅・賓客

上上 ●稟告・牝馬・箅大

上去 ●嬪嬙・髖雲・殯葬・檳葢・箆虱・鬢邊・儐接

上入 ●蹕痕・虌發・必期・筆紙・珌玉・畢終・韠柔

下平 ● 憑准・屏木・蘋蘩・頻步・貧富・瀕洲	下上 ○	下去 ● 賸孫	下入 ● 佖俻・餀食・弼發・闢開・鼻口・白青	求上平 ● 今(音姜)	上去 ● 謹具・緊急	上去 ● 悁懆・絹綢	上入 ● 怒氣	下平 ○	下上 ● 鄞姓・覲朝・僅見・瑾玉・堇祭・槿木	下去 ● 饉饑・厪錦	下入 ○	氣上平 ● 輕重	上上 ● 淺深

上去 ●慶賀
上入 ●乞食
下平 ●慇懃
下上 ●斯薪
下去 ○
下入 ●栈牛
地上平 ●珍珠 岂大·鈐金
上上 ●等第
上去 ●鎮宅
上入 ●得失
下平 ●塵埃·籐豆·陳言
下上 ●霹雲·陣群·錠金·暉排
下去 ●陣列
下入 ●直曲·姪叔

頗上平 ●乒乓
上上 ●品彙
上去 ●枾柿
上入 ●疋布·匹夫
下平 ●釀醉
下去 ○
下入 ●礔碟·砌碗
他上平 ●汀州
上上 ○
上去 ●鐏金
上入 ●敕令
下平 ●酎酒
下上 ○

下去 ○	下入 ● 枴直	曾上平 ● 津天・溱洧・真假・臻福・升斗・臻玉・嗔目・蓁茂	上上 ● 診症・軫車・紾繩・賑濟・疹髮・振利・疹痢	上去 ● 搢插・進退・震電・縉紳・晉國	上入 ● 質才・織布・鯽魚・職官・擳斤	下平 ● 秦國・繩縩	下上 ● 燼火	下去 ● 盡心・尽亘	下入 ● 一个・壹式	入上平 ○	上上 ○	上去 ● 賏牛	上入 ○

下平　●仁德・人馬・茫苡・恣（仁古）
下上　○
下去　●認記
下入　●囥（日古）・日月
時上平　●辛未・伸冤・紳緡・薪水・身體・申時・新舊・姻（男女均等）
上上　●哂笑・矧況
上去　●顋門・信息・汛地・迅速・訊究
下平　●晨昏・神佛・臣君・辰時・蠅蚊
下上　●剩有・慎謹・腎脾・儘偯・贐儀
下去　●屟佥
下入　●翼鳥・實虛・寔是・碩德・箟枳・湜信
英上平　●姻緣・因由・駰馬・茵草・䕃吉・氤氳
上上　●矧泥・引執・靷韁・釼鍚

上去●印官	上入●乙半・一二・壹弍	下平●寅申・貪夜	下上●孕胎・胤匡・䐴嬙	下去●嚳古	下入●溢洋・掖 _{持扶}	文上平〇	上上●眵視・閔子・剮仔・憗憐・泯忘・憫憐	上去〇	上入〇	下平●眠床・民本・國民・垠外・國民・忞古	下上●面貌	下去〇	下入●蜜蜂

下上●變古	下平●襯(衣近身)	上入●七八·柒捌·拭棹	上去●戲枰·冷涼	上上○	出上平●親疏	下入●逆忏	下去●憖神	下上○	下平●閭(悅和)·銀錢	上入●訖取	上去○	上上○	語上平○

			下入●或人·惑疑	下去○	下上●恨氣	下平●暈相·眩死	上入○	上去●卹端·崊挑	上上○

下入○	喜上平●興旺
下去○	

八音定訣全集

10 遮部

柳上平 ●朧腥
上上 ○
上去 ○
上入 ●摋排
下平 ○
下上 ○
下去 ○
下入 ●扐搶·籮筴·掠人
邊上平 ○
上上 ○
上去 ○
上入 ●壁墻

下平 ○
下上 ●痲（法藏）
下去 ○
下入 ○
求上平 ●迦釋·伽藍
上上 ○
上去 ●寄托
上入 ●抗揆
下平 ●捐高·夋扛
下上 ●琦翊
下去 ○
下入 ●屐木·擇物
氣上平 ●脚雙·改音
上上 ○

上去〇
上入●隙溝 音改
下平●騎馬 音改
下上●豎柱 音改
下去●立坐 音改
下入〇
地上平●爹娘
上上〇
上去〇
上入●摘等 音改
下平〇
下上〇
下去〇
下入●糴糶·撙髓

頗上平〇
上上〇
上去〇
上入●僻偏·[illegible]閃
下平〇
下上〇
下去〇
下入●甓甎·癖痼
他上平●臺[illegible]
上上●[illegible]舟
上去●折分
上入〇
下平〇
下上〇

調	例字
下去	○
下入	○
曾 上平	● 嗟嘆·遮蔽·槎山
上上	● 赭色·姐小·者也
上去	● 借移·炙肉·蔗麵·樜粕·嘛耳
上入	● 跡踪·隻數
下平	● 藉假
下上	● 謝姓
下去	● 食飯
下入	○
入 上平	● 遮雲
上上	● 惹相
上去	○
上入	● 跡馬

下平	下上	下去	下入	時上平	上去	上上	上入	下平	下上	下去	下入	英上平	上上
○	●楷揖・喏應	○	○	●些少・賒欠・眇也	●寫字・捨施・舍割	●赦罪・卸折・瀉吐	●削批・錫銘	●畬山・邪正・蛇龍・佘姓	●麝身・謝姓・射弓・麝香・社里	●榭榴	●磶石	●埃塵 音姜	●埜草・野山・耶助・也詞・冶長

上去	上入	下平	下上	下去	下入	文上平	上上	上去	上入	下平	下上	下去	下入
●癮倦	●益利・改說	●椰桠・瑯琅・爺王	●夜日	●鈹鏡	●蝶蜂・帙書・夏畲・瘍病・易經・役衙	○	○	○	○	○	○	○	○

新編《八音定訣》

語
- 上平 ●呀（口開）
- 上上 ○
- 上去 ○
- 下平 ●蚣蜈・鴛鴨
- 上入 ●挖摸
- 下入 ○
- 下去 ○
- 下入 ●額應・顧地
- 出上平 ●榨油・奢侈・車馬
- ●哆（言多）
- 上上 ○
- 上去 ●赾脚・鏟昌
- 上入 ●赤白
- 下平 ●斜日
- 下上 ○

喜
- 上平 ●杓匏・靴鞋
- 上上 ○
- 上去 ○
- 上入 ○
- 下平 ○
- 下上 ●瓦罐・螻蟻
- 下去 ○
- 下入 ●額頭
- 下去 ○

八音定訣全集

11 川部

- 柳上平 ●堧坦·陝地·瓊玉
- 上去 ●鍍金
- 上上 ●煖熅·暖日·饌敬·軟弱·煥火·懊怯
- 上入 ●劣陋·捋等·蚪田·埒去·豜牛·㑥優
- 下平 ●鷲鳳·劙刀·鑾金·巒峰·戀眷·欒木
- 下上 ●變姬·蛋圭·卵鷄
- 下去 ●敲煩·亂治·亂民
- 下入 ●忤易·攐搔
- 邊上平 ●般理·搬運·瘢痕
- 上上 ●坂田·粄餅
- 上去 ●半全·畔界·絆索
- 上入 ●破磼

新編《八音定訣》

- 下平 ● 盤盂・胖舒・磐石・弁樂
- 下上 ○
- 下去 ● 叛反・畔反
- 下入 ● 跋涉・鈸飛・魃早・岜舍・鉢本・拔抽 軷軹
- 求上平 ● 涓題・觀看・關羽・倌人・冠珠・官府・娟婢・捐銀
- 上上 ● 捲簾・館客・卷書・管絃・館舍・蓁耳 瘽疲
- 上去 ● 貫通・眷家・礶研・卷契・睊領・涓擇
- 上入 ● 訣要・決桃・适官・抉包・刮剔・蒴計・快柏
- 下平 ● 拳搥・權經・倦心・蜎虫・鬈髮・爟火
- 下上 ● 摜物・逭額
- 下去 ● 倦怠
- 下入 ● 跧用
- 氣上平 ● 寬廣・蠲觸
- 上上 ● 款花・欸洽・逭避・徽後・卷行

上去●勸和	上入●闊廣・缺欠・厥爱・闕京・蕨薇・闋服	下平●蕹情・圈套	下上●　○	下去●　○	下入●礦碕	地上平●端正・煓赫	上上●短長	上去●斷決	上入●輟正・掇採・綴點・騶驢	下平●傳授	下上●斷机	下去●叚坵・緞綢・傳經・腵脯・瑕玉・鞭怗	下入○

上平 ●蕃蔽·藩屏·潘氏·拌棄 頗

上上 ○

上去 ●泮水·伴相·頖宮·判斷

上入 ●潑澆·襏襫·撥擺·蹳跋

下平 ●胖舒·弁冤·蟠田

下上 ○

下去 ●畔田·袢獨

下入 ●袜纏

上平 ●湍水·遄速·貒豕 他

上上 ●瞳町·㦞和

上去 ●鍛鍊·象易·篆卯·褖衣·煅火

上入 ●脫避·皺剝

下平 ●鏄鐵·愽必·團圍·縛露·霑雨

下上 ○

下去　〇

下入　〇

曾上平　●專心・耑一・鱄名・磚瓦・鄟地

上上　●轉輾・囀聲・竱等

上去　●鑽針・纘繼・攢佑

上入　●茁肥・拙瘶・餟哺・啜言・梲注・綴聯・縋結

下平　●全完・泉原

下上　●饌盛・廛具・撰杜・僎大・襈衣

下去　〇

下入　●絕盡

入上平　●櫻領・輲輻・壖域・堰炶

上上　●頓柔・軟弱・餕敬

上去　〇

上入　〇

| 下平○ | 下上●軟緻 | 下去●鷯鳥 | 下入○ | 時上平●宣佈‧誼譁‧喧聲‧萱椿‧喧盟‧萱竹 | 上上●選擇 | 上去●算數‧蒜頭 | 上入●說明‧雪霜‧劃卷 | 下平●璇玉‧旋歸‧船舟‧漩面 | 下上○ | 下去●樣仔‧羨稱 | 下入○ | 英上平●彎曲‧灣水‧鴛鴦‧冤枉‧樖木 | 上上●遠近‧婉媚‧苑御‧宛然‧碗筋‧琬玉 |

上去	上入	下平	下上	下去	下入	文上平	上上	上入	下平	下上	下去	下入
●怨恨	●挖孔	●完全・猿猴・狠豖・圓團・田園・丸藥・輓軒・紈扇	●緩急・援手・援引・澣衣・瑗玉	○	●曰云・越分・鉞斧・柣木	●蹣墻・蹣番・鰻鱗	●晚早・挽牽・娩媚	●秣馬・抹塗	●瞞欺	●滿盈・澫憤	○	●末本・策魚・眛師

語上平●岍高·刓削·忨貪
上上●玩水·翫狎·阮氏·眃視
上去○
上入●刖足·頡矩·玩物
下平●原來·元首·源水·黿鼉·頑愚·嫄姜·縓綠
下上●願意·愿心
下去○
下入●月日·軏輗
出上平●川山·穿窬·遄征·村夫·岀意·汌水
上上●喘氣
上去●篹位·竄避·串穿·爨炊·闖棍·攥攧
上入●撮要·啜飲·歠食
下平●捺辦·剑剔·銓金
下上○

下去	○
下入	●皺斷·礔破
喜上平	●歡喜·翻轉·欣心·番邦·幡旂·繙譯
上上	●沁翻·坂坡·反亂·返還·阪繹
上去	●販物·換易·喚呼·煥彩·笵法·泛浮
上入	●法度·發見·髮毛
下平	●垣墻·環循·煩心·還友·桓公·蘩藻·繁多
下上	○
下去	●幻幻·患心·範圍·凡夫·宦官·犯上·梵浮·圂豕
下入	●伐木·罰罪·活生·闊閱·筏桴·乏缺

八音定訣全集

12 西部

- 柳上平●呢喜・囑口
- 上上●禮法・妳娘・鱧魚・蠡追・澧泉・沵水
- 上去●矖目・腋跛
- 上入●勻撮
- 下平●泥沙・犁牛・黎民・梨枝・藜蕨・梨樹
- 下上●灑水・淚流・勵勉
- 下去●戾正
- 下入●厲力・麗秀・礪砥・例比・袂衣
- 上入●笠竹・裂破
- 邊上平●飛鳥
- 上上●把守
- 上去●敝號・蔽遮・幣帛・斃死・弊敗
- 上入●伯叔・柏松・扒控

下平 ●鈀鎗·笢梳·琵琶·爬手·杷枇
下上 ●父母
下去 ●焙炒·倍加·陛下·耙犁
下入 ●白紅·帛脚
求上平 ●暌澤·圭白·雞犬·街市·加減·奎星·雞鳥·閨閣
上上 ●粿粽·假真
上去 ●計策·繼續·價錢·架衣·嫁女·攬托
上入 ●郭姓·格骨·蕨粉·隔斷
下平 ●枷鎖
下上 ●低高·下上
下去 ○
下入 ●逆橫
氣上平 ●溪河·谿谷·稽首·嵇姓
上上 ●榮架·啟開

上去●契田

上入●客賓

下平●蹊脚·櫼手

下上○

下去○

下入○

上上●短長

上去●帝王·佇劣·蠌蛛·柿柿·戴姓

地上平●邸下·湜水·抵大·坻高·砥礪

上入●欂相·壓重

下平●蹄馬·禘祭·茶心·諦番·蹄石

下上●棣堂·悌孝·第科·弟兄·地土·娣嫁

下去●埭頭·髢髮·第但

下入●汐水

頗 上平 ●批信
上上 ●皴嘴
上去 ●帕手·怕不
上入 ○
下平 ●皮肉
下上 ●被褥
下去 ●稗粟
下入 ●瓩土
他 上平 ●梯樓·混水·堤岸·提防
上上 ●體貼·舭身
上去 ●涕泣·睇贄·潽流·脀咎·髱屑·替剃
上入 ●裼祖
下平 ●鵜鳥·啼哭·提交·締結·鞮鞍
下上 ●蜼蟶

下去○	下入●宅厝	曾上平●齊明・躋升・瘠病・憯心・霽雨・渣藥	上上●姊妹・姊夫・濟彬・這樣	上去●祭祀・債欠・製精・擦病・制度・劑刀	上入●仄平・續紡	下平●齊整	下上●坐位・寨營	下去●罪犯	下入●絕滅	入上平○	上上○	上去○	上入○

上上	英上平	下入	下去	下上	下平	上入	上去	上上	上平	下入	下去	下上	下平
●	●	○	●	○	●	●	●	●	時●	○	○	○	○
啞口	碼磁		笨卜·噬臍·誓盟·逝往·搋取		毽頷·嗳涎	雪霜·說話	細詳·世代·勢力	洗濯·洒掃	栖鷄·西東·犀象·紗布·裟袈·悽愴·棲宿				

上去●裔後·泄沓·曳兵·翳陰
上入●厄災·阨危
下平●个一·鞋襪·個式
下上●下上·禍災
下去●柮弓·齀惹
下入○
文上平○
上上●尾頭·鰢鮫·瑪玉·馬牛
上去○
上入●卜不
下平●迷亂·粥飯
下上●賣買
下去○
下入●襪鞋·麥荳·脉氣

語								出					
上平	上上	上去	上入	下平	下上	下去	下入	上平	上上	上去	上入	下平	下上
●	●	○	○	●	●	●	●	●	●	●	●	●	●
唲言	睍視·詣名			霓雲·牙齒·麑鹿·倪小·衙役·輗車	羿射	藝工·藝才	月日	杈木·差使·悽愴·淒涼·萋草·妻夫	泚視·髓骨·扯線·泚汗	砌堦·廁池	冊書	蹉足	鎈鈘·尋物

下去〇跲鞋
下入●跮
喜上平●灰火・醃醋・咳嗽
上上●火水・夥記・伙食・吹氣
上去●貨物
上入●歇安
下平●攜提・奚為・鐫刻・蝦魚・觿佩
下上●係關・夏春
下去●繫念
下入〇

八音定訣全集

13 江部

- 柳上平 ●隴坑
- 上上 ●簐車・籠箱
- 上去 ●曠地
- 上入 ●钁鑽・轆沙
- 下平 ●人馬・礦石・壟土・壠坑
- 下上 ●弄戲
- 下去 ●栲搥
- 下入 ●抗扒・陸七・六五
- 邊上平 ●枋杉・邦國・梆柳・帮貼・綁縛
- 上上 ●繃縛
- 上去 ●放字
- 上入 ●駁載・剝皮・腹腰・北南

新編《八音定訣》 / 131

上上	氣上平	下入	下去	下上	下平	上入	上去	上上	求上平	下入	下去	下上	下平
●	●	●	○	●	●	●	●	●	●	●	●	●	●
氘身·挖孔·颫嫐	空虛	擲石·砸相		共相	汎水	珏玉·角頭·覺知·桶槺·愍見	洚水·降下·碌石·峯高·絳淺	牿牛·講論·港溪	蚣蜈·工夫·扛徒·杠担·江海	縛綑	捧搥	挷敲·蚌蛤·琫玉	房廳·縫衫·逢相·馮姓

上去	上入	下平	下上	下去	下入	上平	上上	上去	上入	下平	下上	下去	下入
●擴基·控告·曠地	●確証·粙神·殼皮·麴紅·梳枳	○	○	●擢采	●控抵	地●東西·冬秋·當抵·噹叮	●董姓·董事	●棟樑·凍冷·蝀蝃	●觸牛·壠口	●筒筆·銅錢·同相·仝合·瓵煙·桐梧	●重輕·硾鮭·蕩放	●洞佛·動活	●鱒鮭·獨自·毒害·濁清

頗上平　●香臭·蜂蝶
上上　●紡績
上去　●飆肥
上入　●朴實·覆物·漢鼎·撲鞭
下平　●馮姓·蓬菅·捧物·帆船
下上　●墥門
下去　○
下入　●曝乾·曬乾
他上平　●窗天·湯菓·通達·恫怨·牗戶
上上　●桶木·統兵
上去　●疼苦·痛苦
上入　●託寄·托破
下平　●蟲蟱·童姓
下上　●渾油

上入 ○	上去 ○	上上 ○	入上平 ○	下入 ● 濯洗·戳鈡	下去 ● 椶	下上 ● 稯	下平 ● 欉樹·叢莿	上入 ● 泥寒·浹簪·匝渥	上去 ● 粽粿·葬埋·壯勇	上上 ● 總鎮·棕類	曾上平 ● 鬃頭·梭樹·棕片·宗廟·粧梳	下入 ● 讀書	下去 ● 摘縺

上上	英上平	下入	下去	下上	下平	上入	上去	上上	時上平	下入	下去	下上	下平
●	●	●	●	○	●	●	●	●	●	○	○	○	○
枉冤·往來	汪姓·翁老·尫娘	鍊手	霁雨		俠人	揀挨	送往·宋姓	爽快·悚懼·竦惶·搣火·棕勢	雙隻·鬆輕·礵砒				

調類	例字
上去	●墰域・甕矼
上入	●鎟符・握手・渥匼・沃水・齷齪
下平	●洪姓・紅白
下上	●甑南・旺目
下去	○
下入	●檻紗
文上平	●鬆鬆
上上	●蚊虫・蟒蠅・莽草
上去	○
上入	●浼污・邈水・污綩
下平	●尨亂・龐姓・芒草・忙慌
下上	●夢眠・望瞻・妄誕
下去	●網魚
下入	●耳目・木柴・墨硯

語	上	上	上	下	下	下	出	上	上	上	下	下
上平○	上○	去○	入●峆石‧桮手	平●昂否‧卬否‧岩山‧巖山	上○	去●岸田	上入●獄地‧樂禮‧嶽山‧岳飛	上●愴悽‧姜音	去●毯宅‧鬐 醟	入●擉數‧簇箭‧錯差 音姜	平●瀼水	上○

出上平●蔥菜‧聰明‧匆怱

下去〇

下入●鑿破

喜上平●烘炉·峯山·魟魚

上上●哄人

上去●膧腫·烘籇

上入●吒嘷·譎田·逌物·岬山

下平●杭州·降服·行店

下上●巷街·項件

下去●莧菜·鬩鬪

下入●學習·孝生·魝魚

新編《八音定訣》

八音定訣全集

14 邊部

柳
- 上平 ● 嗹哩
- 上上 ● 輦車·璉瑚
- 上去 ● 姩（女美）
- 上入 ● 唥哖·嚀吥
- 下平 ● 年月·連相·嗹娌·蓮花·鰱魚·瑭毗
- 下上 ● 練操
- 下去 ● 鏈鐵·煉煆·揀撰
- 下入 ● 洌凜·裂破·列位·烈功·洌泉

邊
- 上平 ● 邊無·鞭馬·籩豆·鯿魚·砭骨
- 上上 ● 褊小·扁牌·貶褒·遍額
- 上去 ● 偏普·編輯·變化
- 上入 ● 別分·鱉魚

| 下平●哽行·怍心 |
| 下上●卞姓·便利·辨明·辨別·辯論 |
| 下去○ |
| 下入●別人 |
| 求上平●鞭虯·肩挑·堅固·鏗放·豻豸 |
| 上上●柒古·繭虫·蹇乖·襃衣 |
| 上去●捷躠·見知·建立 |
| 下入●橘正·姞娌·祜福·桔梗·結交·潔清·吉凶 |
| 下平●腱痁·韃局 |
| 下上●腱肝·蘆胜·腱腸·鍵鐲 |
| 下去●健康·健剛 |
| 下入●傑俊·桀紂·竭力·櫟雞·礫物 |
| 氣上平●牽牛·愆過·騫閔·汧水 |
| 上上●畎畝·犬馬·遣使·倪譬 |

調	例字
上去	●譴責
上入	●拮据・孑然・偈致・恕借・憂難・詰問
下平	乾坤・虔心
下上	○
下去	○
下入	●礤石・墼堪
地上平	●癲狂・巓山・顛倒・灑滑
上上	●展玉・典當・輾轉
上去	●鐏金
上入	●輾車・徹祭・哲明
下平	●鈿市・鈿金・廛市・纏絆・田園
下上	●奠致・殿宮・電雷・佃戶
下去	●甸字・崥山
下入	●跌跋・徹均・垤坷・佚序・絰腰・軼車・耊耄・轍車

頗 上平 ●	編輯・偏私・篇數・蹁跹
上上 ●	覞披・瓮財
上去 ●	騙欺・片雲
下平 ○	
下上 ●	驃上・躍馬
下去 ○	
下入 ●	砒碟
他 上平 ●	哭阮・天地・靝古
上上 ●	腼慚・腆微・靦面・錪金
上去 ●	瞋怒・珽玉
上入 ●	驖馬・鐵釘・銕銅・撤散・餮饕
下平 ●	嗔火・填補・瑱玉
下上 ●	䖝曳・虫行

新編《八音定訣》 / 143

下去 ● 韇古	
下入 ● 昳貴	
曾上平 ● 箋鸞·氊毛·釺粥·旃旎·煎炒·鸇鳥	
上上 ● 踐土·剪跋·翦玉·戩穀	
上去 ● 箭子·荐草·薦舉·戰爭·顫抖	
上入 ● 析分·節木·浙江	
下平 ● 前後	
下上 ● 錢銀	
下去 ● 攕手·踐土·餞飲·賤貴·棧房	
下入 ● 濺水	
下入 ● 睫目·捷報·截斷·撤欄·急迫	
入上平 ● 腍肉	
上上 ○	
上去 ○	
上入 ○	

上上	英上平	下入	下去	下上	下平	上入	上去	上上	時上平	下入	下去	下上	下平
●	●	●	●	●	●	●	●	●	●	●	○	○	●
戭征·偃公·演戲·衍沛·晛阮	咽喉·煙火·姻婚·淵泉·胭脂·嫡門·鄢鄍	舌口·銛木	繕寫	鱔魚·膳供·擅自·善惡	禪房·嬋娟·獬貂·蟬蛻	繼絆·薛姓·設計·屑潔·曳不·綟纙	煽火·扇風·訕罵·汕水·抽割	闡注·癬疥·鮮少·銑金·蘚及	僥智·仙神·先後·鮮新	熱寒·熱冷			燃眉·然自·撚㾖

調	例字
上去	●謙飲・宴樂・燕雀・堰海・罨婢
上入	●歇宿・碣石・饈進
下平	●延遲・緣因・綖緩・鳶飛・筵席・梃挨
下入	●掾掀・掾掀
下去	●院宮
下入	●佚遊・閱閥・悅喜・逸遊・俏八・帙書・泆淫
文上平	○
上去	○
上上	●閔子・冕冠・免不・敏勤・黽勉・勉勵
上入	○
下平	●緡蠻・眠床・聯對・棉花・緜紗
下上	●面貌・麵麥
下去	●麪思・緬相
下入	●懱計・滅絕・襪鞋・篾竹

| 語上平 ●洴水·妍仙·开行
| 上上 ●研末
| 上去 ●癮瘦
| 上入 ●囓害·吃食·齧指·喫没
| 下平 ●言語·珰土
| 下上 ●唁 音姜
| 下去 ○
| 下入 ●蟾虺·闃振·孼子·鵁兒·蘗萌·梟則
| 出上平 ●遷移·千萬·轆鞦·遷改
| 上上 ●剗刀·淺深·棧蔑·俴馴·闡明
| 上去 ●茜草·倩倠
| 上入 ●切要·砌磋·窃盗·竊偺
| 下平 ●逞延·磳僧·眄工
| 下上 ○

| 下去〇 | 下入●迌行·蠘魚 | 喜上平●掀開·軒書 | 上上●顯榮 | 上去●獻手·獻子·憲奉 | 上入●血濃·鈤簪 | 下平●絃火·衒買·玄黃·賢愚·弦琴·絃歌 | 下上●眩瞑 | 下去●現見·硯匣·縣府·莧菜·睍出 | 下入●穴巢 |

八音定訣全集	15秋部											
柳上平	●鰍鬏·颩尾·六工
上上	●柳樹·紐毆·絡剪·紐銅·扭仔·狃狔
上去	●旒索
上入	○
下平	●留客·流水·劉姓·榴樹·嚊馬·琉璃·溜清
下上	●旒冤·惱憂·襑祀·鎦羔
下去	○
下入	○
邊上平	●彪豹·驫闞·滮池·飍 聲風
上上	○
上去	○
上入	○

下平 ○	下上 ○	下去 ○	下入 ○	求上平 ●赹足・樛木・鳩鶴・蝤虫	上入 ○	上去 ●灸灸・救護・究治・疚病	上上 ●九八・赳干・糾公・玖瓊・久長・韭菜	下平 ●述好・絿紗・仇讐・球琳・裘衫・求取・捄綉	下上 ●舊新・舅妗・柩棺	下去 ●咎歸・臼杵	下入 ●勼 音姜	氣上平 ●蚯虫・坵圻・丘孔・邱姓・鳩睢	氣上上 ●揪相

上去	上入	下平	下平	下上	下去	下入	地上平	上入	上去	上上	下平	下上	下去	下入
●摎起・楸皺・甕皮	○	●勾脚・捄手・球琉	●泝潤	○	○	○	●丟出	○	●釣魚・晝夜・味鳥	●癌仔・帚掃・肘腋	●篝籤・綢繆・綢緞・儔數・嚋誰・檮袖・疇田・稠密	●宙宇・胄甲・紂桀・苗粟	○	●稻穟・鈾 文古

新編《八音定訣》 / 151

頗								他				
上平	上上	上去	上入	下平	下上	下去	下入	上平	上上	上去	上入	下平	下上
○	○	○	○	○	○	○	○	●抽拔·瘳疾	●丑時·扭鈩	○	●畜六	●頭尾	●呾 也聲

- 下去　○
- 下入　○
- 曾上平　●　周姓・州府・蜩虫・洲溪・舟車・週徧・倜流
- 上去　●　說詛・咒誓・蛆虫・呪咀・蛀虫
- 上上　●　酒茶・帚芒・守節・箒掃
- 上入　○
- 下平　●　啾哪
- 下上　●　就成
- 下去　●　鷲鳥
- 下入　○
- 入上平　○
- 上上　●　猱猿・塜土・蹂國
- 上去　○
- 上入　○

新編《八音定訣》

							時				
	英	下	下	下	下	上	上	上	下	下	下
上	上	下	下	下	下	上	上	上	下	下	下
上	平	入	去	上	平	去	上	平	入	去	平
●	●	○	●	●	●	●	●	●	○	○	●
栖樽·酉時·有無·友朋·牖戶·勳宮	憂思·呦鳥·優悠	袖衫	袖衫	受私·壽福·綬印·授傳	讎仇·囚監·狩酢·酬報·售兌·汙水	繡文·綉刺·獸禽·狩巡·莠草·秀才	守望·首尾·手足	羞恥·修理·脩束·膡古·收拾			腬肥·鰊魚·柔弱·堔古

上去	上入	下去	下入	下平	下上	下去	下入	文上平	上上	上去	上入	下平	下上	下去	下入
●幼長	●拗聚	●攸聽・尤姓・由因	●游子・油火・悠遠・猶謀・遊玩	●又再・佑憐・祐庇・忯心・宥赦・柚柑	●褢袖・囿園・賄財・侑觿	○	○	○	○	○	○	●綢繆	●謬背	○	○

新編《八音定訣》 / 155

（上段，自右至左）

- 語上平○
- 上上●砌磚
- 上去●藁（入高）
- 上入○
- 下平●牛馬
- 下上○
- 下去○　下入○
- 出上平●鬃髮·啾嘴·秋春
- 鞦韆●
- 上上●醜貌·揪物·手足
- 上去●嚏呵·瘊痰
- 上入○
- 下平●髻髮·愁悲·攀腸
- 下上●樹木

（下段，自右至左）

- 下去○
- 下入●愀思
- 喜上平●缽針·休朱
- 上上●咻鳴·幽谷
- 上去●朽木
- 上入●臭香·揞挖·糗飯
- 下平●譴戲（音姜）
- 下上●裘綿
- 下去●臭味
- 下平●復（聲去）
- 下入●服（音姜）

八音定訣全集

16 深部

柳 上平 ●飲食・嚌酒
上上 ●廩生・凜烈・癃瘡
上去 ●岱_{吠犬}
上入 ●吤口
下平 ●琳球・霖雨・淋漓・臨時・林姓
下上 ●儼時
下去 ●吝堅
下入 ●笠篢・立建・苙_{也開}

邊 上平 ●賓客
上上 ●篢笆
上去 ○
上入 ●韠素

新編《八音定訣》 / 157

下平	下上	下去	下入	求上平	上上	上去	上入	下平	下上	下去	下入	氣上平	上上
○	●臍孫	○	●鼻口	●金玉·今古	●錦繡	●劗力·禁戒	●忌古·級等·急緩·給供	○	●妗舅	●襟物·捬放	●及至·扱船	●衾被·襟弟·欽賜·衿衣·嶔崁	●坅坎·嚠麟

下入〇	下去●燅煮	下上●燘物・朕躬	下平●沉浮	上入●輒車	上去●曑重・鳩鳥・抌擲	上上●咲吶	地上平●探陰	下入●扱船・炭廱	下去●怜病	下上●噤口	下平●禽鳥・琴瑟・擒捉・捡扔・芩黃	上入●汲水・泣涕・吸食・伋孔・負笈	上去●科及

新編《八音定訣》／ 159

頗 上平 ●鼺
　 上上 ○
　 上去 ○
　 上入 ○
　 下平 ○
　 下上 ○
　 下去 ○
　 下入 ○
他 上平 ●琛玉
　 上上 ●珍眠
　 上去 ●酖毒·疢疾
　 上入 ●劀
　 下平 ○
　 下上 ●觋

　 下去 ●觋
　 下入 ●叭（聲入）
曾 上平 ●針線·篋儀·尌酌·簪髻
　 上上 ●枕頭·孀姆
　 上去 ●浸漬
　 上入 ●繁環·執堅
　 下平 ●蟳蚶
　 下上 ●潯石
　 下去 ●岕郭
　 下入 ●褂體·寂原·集聚·籍寬
入 上平 ●任鳥
　 上上 ●妊娠·袥襝·荏苒·忍氣
　 上去 ○
　 上入 ●佘

下平●壬子

下上●忉心·認言·刃刀·任用·仞千

下去●軔數

下入●入出

時上平●森茂·心肝·參人·潸涕·鈊利

上上●沈姓·審查·稔年

上去●抌重·滲寒

上入●隰州·濕潤

下平●尋物·諶誠·忱才·燖溫

下上●甚者

下去●昆明

下入●愶心·熠燿·拾取·習學·什貨·十九

英上平●阴阳·陰陽·音聲

上上●飲食

上去	上入	下平	下平	下上	下去	下入	上平文	上上	上去	上入	下上	下去	下入
●	●	●	●	●	●	●	●	●	●	○	●	○	●
蔭樹·窨地	浥水·筥竿·邑府·揖搭·挹手	淫姦·綟慾·霪雨	訦	許	噲	文涔	憫憐·泯滅	艐	民人·誽言·眠睡	面㕽	密細·蜜蜂

下平●銑銳 下上○	緝網・葺戎・檓摧	上入●戢戈・檝舟・輯編・聶攝	上去●深病・朼探	上上●寑晝	出上平●	下入●芨白・岌危	下上●痋危 下去●釿斬	崟嶔	下平●吟咏・岑山・唫呻・砱石	上入●吸水	上去●囅口・詆言	上上●錦衣	語上平●嶔	

		下入○	下去●翕合	下上○	下平●熊掌	上入○	上去○	上上●譀怒	喜上平●欣喜・歆羨	下入○	下去○

八音定訣全集

17 詩部

柳上平●蜫虫·鰗魚
上上●鯉魚·理道·里社·李姓·娌妯·裏表
上去●捌籬·詈皮
上入○
下平●鼇星·狸狐·尼仲·厘分·俚估·梩虆·籬竹·璃琉
下上●離別·痢疾·莅位·利息·蒞臨·俐伶
下去●俐伶·詈罵·吏官·莉茉
下入●癧瘰·裂破
邊上平●埤圳·卑高·碑石·悲傷
上上●彼此·吡連·比勢
上去●泌水·轡鞭·秘製·閉戶·庇祐·臂肩
上入●鱉魚

下平 ● 疲倦·琵琶·枇杷·脾胃·罷熊·皮草
下上 ● 避遜·紕系·婢奴·被帳·妣孝
下去 ● 備全·鼻耳·俻廻·奜內·鮍魚
下入 ● 蹦脚
求上平 ● 枝根·機器·幾時·姬女·飢餓·璣玉·基地
上上 ● 已目·芑草·紀綱·杞枸·汜水·几度·屺涉
上去 ● 既求·厩馬·奰伏·薊州·痵疤·記史·寄托
上入 ● 搞石
下平 ● 祇神·騏驥·奇巧·其然·祈求·旗旌·棋圍·麒麟
下去 ● 技藝·妓女
下入 ● 驥馬·忌生
下入 ● 嘰蟬·嚎聲
氣上平 ● 崎嶇·欺騙·僛舞·嵌嶺
上上 ● 豈敢·起頭·齒牙

新編《八音定訣》 / 165

上去	上入	下平	下上	下去	地上平	下入	下去	上去	上上	上入	下平	下上	下去	下入
●	●	●	●	●	●	●	●	●	●	●	●	●	●	●
氣天‧棄拋‧企仰‧器具‧憩息‧跂足	痎瘲‧缺破	蜞蜈‧騎馬‧鉗銕	柿粿	忌憚‧洎及‧泪淚‧摮至	啞千	蜘蛛‧知識	抵當‧底無‧砥土‧坻礪‧祇敬	緻縹‧致至‧置劍‧智計‧蒂柿	滴水	埋丹‧馳驅‧遲延‧池魚‧蚯蛙‧踟躕	釋幼‧帶碍‧塊母‧治國‧雉雄	地田‧值逢‧庀茗	碟硎

頗上平 ●駝風·丕大·披覝·邳下·批信·鉟戈

上上 ●痞離·否泰·砒霜·鄙夫

上去 ●譬論·孌妾

上入 ●肏川

下平 ●疲倦·皮骨

下上 ●鼻口

下去 ●被褥

下入 ●砌碗

他上平 ●絺紵·笞米

上上 ●恥廉

上去 ●剃頭·憛情

上入 ●驖馬·鐵銅·鉄釘

下平 ●啼哭·苔青

下上 ●鼞紗

下去	下入	上上	上平	上去	上入	下平	下上	下去	下入	上平	上去	上入
○	●轒重・攇拖	●荖荷・戹坭・支干・枝葉・芝蘭・之道・脂胭・	●只是・旨聖・祉福・指手・姃夫・趾麟・止自	●枳實・姊妹・紫色	●贊儀・摯執・志氣・至及・觶盃・誌國・痣疤	●接交・摺痕・攝衣	●糍粽	●巳時・虵也	●舐舌	●舌口	●璽	●耴
		曾上平								●骑 小骨 上上○		

下平●兒孫·而詞·栮戲
下上●字寫·二三·餌魚·貳張·弍叁·樲樹
下去●弭鑽·珥鞭·膩油
下入●廿一
時上平●絲綢·詩書·施姓·屍骸·屍容
上上●弛廢·矢弓·始終·豕犬·死亡
上去●施捨·試赴·勢力·弑君·肆伍·四三
上入●薛姓
下平●辭相 旹龍·匙湯·時刻·鰣魚
下上●寺弗·氏某·示告·侍奉·諟顧·是非
下去●視聽·峙山·恃怙
下入●餂取
英上平●醫治·伊尹·衣服·鷖鳥·依倚·翳障
上上●以然·綺絲·苜罘·倚依·椅棹·苡苢

上去	上入	上去	下平	下上	下去	下入	文上平	上上	上去	上入	下平	下上	下去	下入
●薏芒・意心・懿範・饐餒	○	●怡悅・彝武・貽和・夷狄・維然・惟祈・姨姑	●異樣・易難・異哉	●恚恨・矣乎	●咦血・臆牛・昳肚	●深入・彌阿	●靡涯・美惡・米粟・麋鹿・尾首	●魃鬼	●潛阣	●微來・薇紫・眉目・湄洲	●寐寤・味滋・媚花・未會	●謎約	●篾竹

語													
上平	上上	上去	上入	下平	下上	下去	下入	出上平	上上	上去	上入	下平	下上
○	●	○	●	●	●	●	○	●	●	●	○	●	●
	蟶虫・擬議・蟻螻・儗倫		扢石	儀禮・宜合・疑惑・嶷山	誼親・誼論・義理	毅剛・毅弘		蚩愚・鴎鵰・痴呆・差參	佟奢・忮心・啻不・齒口・翅翼	熾昌・莉草・幟旗・鯏魚・饎食		扶持・徐姓	市街

			下入〇	下去〇	下上●耳目	下平●魚鳥	上入〇	上去●咥笑・肺肝・戲演・憘謔	上上●喜欣	喜上平●稀少・希罕・熙康・犧牲・禧福・熹_{子夫}	下入●蠘蟳	下去●飼養

八音定訣全集

18 書部

柳上平●攄頭·覷走
上上●屢次·女男·縷絲·旅軍·莠瓜
上去●攇粉
上入●跁足
下平●間門·廬茅·驢馬·蘆芊·蔞草
下上●慮思·侶伴·呂姓
下去●瀘水·鑢鋸
下入○
邊上平○
上上○
上去●富貴
上入○

新編《八音定訣》

下平●匏瓜	下上●婦媳	下去○	下入○	求上平●俱皆・龜粿・居處・車馬・俱各・裾衣・屐住	上上●韭菜・舉手・苢父・矩規	上去●據溤・踞路・拮据・據刀・遽急・蘧姓	上入●嶧聲	下平●瞿然・衢街・渠水	下上●拒抗・詎料・炬燭	下去●巨富	下入●叫嘓	氣上平●坵叚・袪袂・嶇崎・拘束	上上●詁言・嫗媽・距圭

地 上平 ●誅伐·豬羊·株蔴	上上 ●閉門·抵數	下入 ○	下上 ●懼恐	下去 ○	下平 ○	上入 ○	上去 ●去來
下入 ●撐破	下去 ●筯碗	下上 ●箸竹	下平 ●櫥櫃	上入 ○著外			

頗 上平 ○	上上 ●甑甓	上去 ○	上入 ○	下平 ●浮沉	下上 ○ 下去 ○	下入 ●颸讖	他 上平 ●魅 名鬼
上上 ●儲子·貯收·蕁葛	●寧門·紵絲·炉火	上去 ○	上入 ●柘石	下平 ●耡耕	下上 ○		

新編《八音定訣》

調	字例
下去	○
下入	○
上平	曾・苴且・資酒・滋味・疽癰・茲此・諸侯・姿娘・緇鳥
上上	●孜吃・咨詢・菑甫・滋端
上上	●煮煎・梓桐・子孫・楮杼・紙筆・紫色
上去	●漬浸・恣放
上入	●淬水
下平	●蟅蟐・薯番・咥叫・慈愛
下上	●自己
下去	●字文
下入	●準
入上平	○
上上	●汝我
上去	○

上入	○
下平	●荑菜・袘衣・如何・榆桑
下上	○
下去	○
下入	○
上平	●舒用・獅象・師傅・司官・斯螽・私公・篩米・嘶馬
時上	
上上	●駛船・史姓・璽玉・暑寒・使差・徙遷・黍稷・死生
上去	●馴馬・庶民・賜賞・肆放・泗淮・恕心・絮柳
上入	●煉血
下平	●徐姓・辭相・嗣後・詞言・祠宇・俟候
下上	●事理・士農・似相・仕宦・緒光・序次・祀祭
下去	●粞耒・兕虎・嶼山・鱮魴・四三
下入	●鰣直
英上平	●于以・於此

調	字例
上上	●與相‧踽行
上去	●污穢
上入	●耒起
下平	●餘有‧余姓‧予我‧輿車‧妤婕‧雩舞
下上	●預先‧譽段‧豫喜‧鳶鳥
下去	●歟詞
下入	○
文上平	●逢人
上上	●鵒鸚‧悔慢‧武文
上去	○
上入	○
下平	○
下上	○
下去	○

下平●疵瑕·皆小·饕食	上入○	上去●厝宅·處啟·茨草·次層	上上●處事·鼠貓·此彼	出上平●雌雄	下入●鄂姓	下去●馭馬	下上●御車	下平●魚蝦·漁釣	上入○	上去○	語 上上●圍洋·禦止·語言·圍囹	上平●鮫魚	下入○

		下入○	下去○	下上○	下平●魚蝦	上入○	上去●趨行	上上●許諾	喜 上平●墟市·虛實·桴乘	下入○	下去●仝上	下上●抵滑

新編《八音定訣》 / 179

八音定訣全集	19 多部											
	柳上平●哪來·猱猴·燋着·煇火	上上●老幼·潦潢·惱煩·腦頭·苳花·栳樟	上去●羆短·醪酒	上入○	下上●儺鄉·懦弱·裸裎·贏螺·踝足·贏果	下平●牢獄·勞力·鑼鼓·羅姓·撈根·勝豬·騾馬·籮米	下入●栳斗	下去●落薄	邊上平●堡船·褒貶·玻璃	上上●裸褥·鵒兒·保身·宝金	上去●颼頭·播種·報答·簸箕	上入●垇岸·詬口

下平●旛白·婆公

下上●暴戾

下去○

下入●泊澹鍘金·箔荷·薄厚

求上平●膏澤·皋陶·歌唱·羔羊·高低·戈干·哥兄·篙竹·糕米

上上●槀枯·果決·粿米·菓子·蒿草·稿課·槀木

上去●過失·告狀·薝頭·個幾·郜姓

上入●閣亭

下平●浣橋·適豬·槁車

下上●呲泥

下去○　下入○

氣上平●軻孟·柯姓·科登

上上●哿富·坷坍·考妣·苛草·垮河·可不

新編《八音定訣》／ 181

下入●燠火‧擇揀‧焊火	下去●盜取	下上●蹈踏‧導引‧道理‧稻禾‧悼心‧惰懶	下平●逃遁‧迍避‧陶朱‧駝駱‧沱水‧鮀祝‧陀山‧濤波	上入●棹椅‧卓姓	上去●到至‧逃受	上上●禱祝‧朶避‧倒顛‧擣嶼‧島山	地上平●哆佗‧刀鉌‧多少‧剆割	下入○	下去○	下上○	下平●尻搖	上入○	上去●詁訓‧課國‧郜鼎‧靠勢‧鍇金

頗上平●	陂蒲・波浪・披名
上上●	頗錯・跛足
上去●	破敗
上入●	粙粉・撲蔗・粕糟
下平〇	
下去〇	抱孫
下入〇	
他上平●	韜文・慆心・滔流・叨忝・拖欠・幍巾
上上●	討取
上去●	唾涎・套外・妥當
上入●	魠泥・牠破
下平●	靴勒・桃李
下上〇	

新編《八音定訣》 / 183

下去	下入	曾上平	上上	上去	上入	下平	下上	下去	下入	入上平	上去	上上	上入
○	●砠酒	●糟糠・遭遇	●棗紅・蚤起・早晚・左右・藻菜	●竈媚・做工・佐輔・灶鼎	●築墻・作細	●曹姓・槽猪・漕水・嘈牙	●造作・座位・坐立	●皂隸・艚搖	●鞳佛・弋箭	○	○	○	○

上上	英上平	下入	下去	下上	下平	上入	上去	上上	時上平	下入	下去	下上	下平
●	●	●	○	●	●	●	●	●	●	○	○	○	○
燠煌·襖裙	猗竹·阿兄·胴膠·窩燕·呵笑·媧女	鍊鏈·鐲手		唆使	趖走·沙行	煉血·嗦嘌·蓑草·縗繩	躁急·燥熱·掃箒·嗽咳	嫂兄·鎖銅·瑣尾	唆弄·梭布·騷風·搖擠·娑婆				

| 上去●澳石·粵石 | 上入●難易 | 下去●蠔蟶·蚵蝦 | 下平●蠔蟶·蚵蝦 | 下上●啊呀 | 下去●趐(聲長) | 下入●學業·孝堂 | 文上平○ | 上上●母父 | 上去○ | 上入●卜也 | 下平●無有 | 下上●帽冠·磨石 | 下去○ | 下入●勿作·莫說 |

語上平	上上	上去	上入	下平	下上	下去	下入	出上平	上上	上去	上入	下平	下上
○	●砭石	○	○	●莪草・罵蓼・鵝鴨・鰲頭・敖然・鼀黿・蛾眉・枵腹	●傲慢・蟟踞・卧坐	●餓飢	●鄂然	●瑳玉・鮮魚・磋砌・操持	●草木	●剉蔗・操琴・挫坎・糙米・造詣	●錯舛	●遜行	○

下去〇
下入〇
喜上平●饗食·號乎
上上●火水·善惡·好事
上去●荷薄
上入●烔餅
下平●河江·和同·毫厘·何如·豪雄·禾稻
下上●浩然·昊天·號令·賀恭·禍災
下去●瓵惹·灝梁
下入●崔白·鶴鳥

八音定訣全集　20 湛部

柳										邊		
上平●喃呢·婪食	上上●覽賜·攬包·欖橄	上去●崄出·湳水	上入●拗打·濼濟·揞食	下平●男女·南北·嵐山	藍青·婪貪	下上●灆汎	下去●襤褸·灆泥·襤機	下入●軜輸·納米·袦襎	上平●咁古	上上●腌（肉疎）	上去○	上入○

求									氣	
下平○	下上○	下去○	下入○	上平●監禁·柑桔·甘願	上上●篏蓬·敢當·感謝	上去●疳瘡	上入●鴿鳩·甲科·蛤蚌	鑑驗·鑑綱·監本	繼絲	下平●啥水·唧硃	下上○	下去○	下入●哈哩·舨船	上平●磏砵·龕佛·堪不	上上●戡黎·坎坷·砍刣

上去	●紺緻・勘驗・瞰視・崁恰
上入	●恰像・闔開・鞈靺
下平	●頷大
下上	●齀相
下去	○
下入	●磕頭
地上平	●湛水・眈樂・就惧・擔當
上上	●髡髮・胆肝・膽斗・菩薓・唊食
上去	●撢頭・泝水
上入	●嗒羹・答應・搭寄・噠口
下平	●談言・澹泊・掞落・餤荐
下上	●棪機・淡清
下去	●菼葭
下入	●沓水・鍚钩・踏足

下上●僋肥	下平●譚言·潭堀·痰火·簟竹·潭姓·曇古	上入●逿打·凹凸·榻床	上去●探花	上上○	他上平●嗿肉·耽汁·貪心	下入○	下去○	下上○	下平●靗 聲水	上入○	上去○	上上●靁 名人	頗上平○

下去	下入	上上平入去入	入上平	下入	下去	下上	下平	上入	上去	上上	曾上平
○	○	○●鮕名人	●䑛名人	●傷踏·雜混·襟聚	●墘營·暫時	●站刀·鋤金	●俛說·讒言	●洽洲·浹營·剖副·汁湯·匜籨	●賺賍·撕足	●斬殺	●兂首·簪花·針線·籤儀

新編《八音定訣》／ 191

192　/　《八音定訣》整理及研究

上上●諳曉·闇然·泔湯	英上平●庵廟·菴仲	下入●踵墥·硈行·傴偍·霻雨	下去●鬖毛	下上●倦(遲行)	下平●萩禾·㾾憥	上入●颯風·颭飄	上去●毟毛·冞柴	上上●摻粉·鎝金	時上平●杉枋·三四·袗衣·叁肆	下入○	下去○	下上○	下平○

上去　●暗昏
上入　●鵪鳥·壓沙
下平　●砸水
下上　●頷頸·茂林
下去　●頸頭
下入　●狎玩·押鎖·匣硯　閘門·盍勘·盒盤
文上平　●呣（名人）
上上　●飴哺
上去　○　　上入　○
下平　○
下上　○
下去　○
下入　○

語上平　○　　上上　○
上去　●墓虫
上入　●吸水
下平　●岩石·巖山
下上　●蜎仔
下去　●憨戆
下入　●哈咀
出上平　●駸馬·參商·參見
上上　●慘悲
上去　●讖語·懺經
上入　●唶嘴·插栽·歃血
下平　●讒言·慚愧·蠶飼
●蠶絲
下上　●塹竹

下去	下入	喜上平	上去	上上	上入	下平	下上	下去	下入
●墠 名地	○	●酣醉·蚶蚌·滸水·邯江·魽魚	●歆歜·諴說	●菡萏·喊叫·歆敢·噉食	●焓芋·哈食·呷吸	●咸亨·含章·函文·啣糊	●憾恨	●惱慢·陷阱·憨欲	●閤開·合和·斛斗·嗑口·迨行

新編《八音定訣》

八音定訣全集

21 杯部

柳
- 上平 ● 醙酒・踞踏・癌病
- 上上 ● 餒飢・妳娘
- 上去 ○
- 上入 ○
- 下平 ● 贏老・黎民・犁牛
- 下上 ● 銼仔・鑢鋸・內外・睿智
- 下去 ● 鱧魚
- 下入 ● 笠簽

邊
- 上平 ● 梀捲・筐竹・盃酒・杯茶
- 上上 ● 把開
- 上去 ● 輩平・琪沙・貝母・褚袷・背肩
- 上入 ● 八七・捌七

下平	●培栽·陪客·斐姓·賠補
下上	●狽狼·焙烘·培加
下去	●悖逆·揹地·佩玉·旆旌
下入	●拔抽
上上	●雞鴨·街市·瓜金·蛙水·階級
上去	●解究·改明
上入	●疥癬·怪勿·薈盧·嚙子·檜樹
上入	●挾物·莢豆·鋏鐵
下平	●鮭魚
下上	●易難
下去	○
下入	●挾提
氣上平	●詼諧·魁星·盔甲·悝孔·溪海·恢復
上上	●踝足·啟拜

上去	上入	下平	下上	下去	下入	地上平	上上	上去	上入	下平	下去	下入
●	●	●	○	○	●	○	●	○	○	●	●	●
契田·櫸手·喫骨·蹶顛	缺乏·硤櫳·賒目	猢猴·魅厚		挾枷			底無		魋桓·蹄踶·賷阢·穨壞·題詩	兌卦·苧布·遞送·紵絲	地天	膁狹

頗上平●胚豬·批信·賠截
上上●跛嘴
上去●配匹
上入○
下平●皮骨
下上●被褥
下去●稗粟
下入●胝土
他上平●釓金·熄火
上上●隋姓·褪褌
上去●退進·替代·蜆蟬
上入○
下平○
下上●腠肥

下去○
下入●提物
曾上平●枑展
上上●揣人
上去●最要·做工·贅進
上入●節年
下平●齊整·摧足
下上●罪犯
下去●多小
下入●截斬·劙刀
入上平●咴
上上●碄
上去●鈉
上入○

新編《八音定訣》/ 199

下平 ●蚋蠅・祔衣・狘寘

下上 ●汭水・銳鐸・睿智・芮草・濬訥

下去 ○

下入 ○

時上平 ●衰微・簑棕・梳柴・疎密・疏親

上上 ●黍稷・洗濯

上去 ●歲年・祟鬼・稅租・帥元・細粒・帨巾

上入 ●說講・雪霜

下平 ●甂頜

下上 ●小大

下去 ○

下入 ●請 也慧

英上平 ●煨火・偎受・剮割・恨善・猥鄙・鍋銅

上上 ●矮短・踒小

上去●	穢污·殪死·穢虫
上入●	揇物
下平●	鞋襪
下上●	能才·衛護·話語
下去○	
下入●	狹闊
文上平●	酶酒
上上●	每常·買賣·尾首·洺污
上去○	
上入○	
下平●	梅花·枚枝·媒人·煤炣·鵜鳥·瘄瘍
下上●	妹姊·賣買·未久·誄星·魅鬼
下去●	袂得
下入●	襪鞋

新編《八音定訣》

【上部】
- 語　上平●詭詐
- 　　上上○
- 　　上去○
- 　　上入○
- 　　下平○
- 　　下上●外內
- 　　下去○
- 　　下入●月日
- 出　上平●初一
- 　　上上●髓骨
- 　　上去●糉米
- 　　上入●切苦
- 　　下平○
- 　　下上○

【下部】
- 　　下去○
- 　　下入○
- 喜　上平●花草·胍病·灰燒
- 　　上上●夥記·火水·悔反
- 　　上去●誨教·瘖病·貨物
- 　　上入●歲年·廢壞
- 　　下平●晦日
- 　　下上●回轉·徊徘·迴避·茴香
- 　　下去●匯單·會合·繪畫·蟹蟳
- 　　下入●潰敗·會文
- 　　下去○
- 　　下入○

| 八音定訣全集 | 柳上平●氌毺 22孤部 | 上上●拏力・檑搖・魯國・虞兵・擄掠・鹵莽 | 上去●詡惡 | 上入●僞官 | 下平●爐火・鱸魚・樓亭・奴婢・盧姓・盧草 | 下上●怒喜・路橋・陋淺・賂賄・蕗蕎 | 下去●鷺鷥・露霜・絡車・弩弓・絡絲 | 下入○ | 邊上平●晡日・埔草 | 上上●脯乾・補足 | 上去●布疋・傅姓・佈置 | 上入○ |

新編《八音定訣》

下平●蒲葛·逋逃·衰多·部兵

下上●部侍·步行·捕採·哺吐

下去○

下入●匍匐

求上平●孤獨·勾踐·鈎釣·姑姨·沽酒·辜姓·菰香

上上●股肱·苟且·古今·鼓鐘·瞽瞍·狗雞·罟數·估價

上去●告示·僱倩·固堅·顧照·痼病·遘見·故緣

上入○

下平●糊迷

下上●怙恃

下去○

下入○

氣上平●粔油·箍柴·粔豆·鏅金

上上●苦受·口舌·許姓

							地					
下入	下去	下上	下平	上入	上去	上上	上平	下入	下去	下上	下平	上入	上去
●	●	●	●	○	●	●	●	○	○	○	●	○	●
郖姓	痘疹·杜姓·豆麥·鋀相	渡頭·荳泥·鍍金·肚腸·竇姓·度法	途路·瘖病·圖謀·徒弟·屠宰·荼苦·塗水		妒忌·鬥爭·門械·蠹役	覩見·賭博·堵牆·斗升·蚪虫	闍闍·都城			塗壁·尻摇			庫府·叩答·寇賊·褲裙·扣除·蔻豆

頗上平●尌耐·麬麥·粨米·舖陳	上上●浦池·普徧·圃園·譜見·剖開	上去●舖店	上入●博厚	下平●菩薩·搇重·揝起	下上●簿封	下去●廊粭	下入●蒲	他上平●偷物	上上●土地	上去●兔鼠·吐哺	上入○	下平●頭尾·塗沙	下上○

下去	下入	上入	上去	上上	上平	下平	下上	下去	下入	入上平	上上	上去	上入
○	○	○	●奏合·詛盟·湊保·輳輻·媵膚	●俎往·走行·阻隔·祖公·殂死·俎豆	●諏謹·鄒姓·租稅·赺超·緅紺·騶虞	●騶行	●胙禮·助相·胙肉	●柞木	○	○	○	○	○

上上	英上平	下入	下去	下上	下平	上去	上上	時上平	下入	下去	下上	下平	
●	●	●	●	○	○	●	●	●	○	○	○	○	
嫗姓·拗物	烏紅·黑白·嗚呼·謳歌·塢吊	贈直	漱			溯洞·訴告·恕赴·素平·數目·嗽咳	瘦肥·所在·腹瞽·嫂兄·叟老·菽菓	疏親·蘇姓·酥餅·蒐春·搜家·疏菜					

上去	上入	下平	下上	下去	下入	文上平	上上	上去	上入	下平	下上	下去	下入
●	○	●	●	○	●	●	●	●	○	●	●	●	○
惡愛		硼石·壺醬·瑚璉·湖江·胡姓·箍篏	芋薯		胅	摸搜	母父·某氏·牡丹	貿易		牟子·謀圖·模規·謨猷·犛麥	墓墳·暮朝·戊子·茂林·慕向·摹兵	楸林·募慰·戀馬	

| 語 上平 ●晤曉·誤言 | 上上 ●五六·忤逆·偶然·午時·我爾·伍隊 | 上去 ○ | 上入 ○ | 下平 ●梧洲·寤寐·梧桐·吾子·吳姓·蜈蚣 | 下上 ●悞妸 | 下去 ○ | 下入 ○ | 出上平 ●初一·粗幼·龐厲 | 上上 ●楚國 | 上去 ●措置·醋酸 | 上入 ○ | 下平 ●愁悶 | 下上 ○ |

				下入〇	下去●	下上●	下平●	上入〇	上去●	上上●	喜上平●	下入〇	下去〇
				互交·艨船·穫耕·逅邂·候俟·鑊鼎·瓠匏	雨傘·戶門·后皇·後先·厚薄·護封	胡椒·狐狸·浮沉·猴猿·侯公·乎哉		屎桶	潲水·否是·琥珀·虎豹	呼叫		

新編《八音定訣》

23 燈部

柳

上平 ●鈴鐘·鱗紗·乳牛

上上 ●怜俐·嶺山·領首·冷寒·囹圄·吟愛

上去 ●踜跱·踜足

上入 ●櫟校·慓恂·鑠金·標木·爍火

下平 ●齡龜·嚀叮·陵丘·寧安·能才·苓茯

下上 ●零星·鈴鱗·令號·另外

下去 ●柃楮

下入 ●綠青·匿隱·力勇·歷年·曆日·溺陷·瀝滴

邊

上平 ●崩山·氷霜·兵卒

上上 ●秉公·炳據·丙子·餅香·迸逐

上去 ●柄斧·併相

上入 ●柏松·逼近·追加·伯叔·百千

下平 ● 棚棧·莨蓆·平安·並立·朋友·秤天

下上 ● 竝比·病疾

下去 ○

下入 ● 白鳥·帛布·闢開·弼佐

求上平 ● 京都·羹菜·兢戰·耕耘·驚畏·庚子·經營·荊棘

上上 ● 儆除·境地·景光·擎柱·耿明·警戒（莧水）

上去 ● 脛股·敬恭·鏡寶·供戲·徑路·逕花

上入 ● 戟刀·隔阻·棘荊·擊扣·格物·革除·鬲膠

下平 ● 惸獨·怜孤·貧富·鯁魚

下上 ● 竟倖·競言·梗桔·鯨魚

下去 ● 硬軟·莖節·頸領

下入 ● 局棋·遽學·極致

氣上平 ● 碻石·輕重·傾倒·鏗琴·卿公

上上 ● 頃田·肯不

新編《八音定訣》 / 213

上去●慶賀·磬石·罄盡·亘古
上入●刻雕·克己·客賓·隙空·虢國·綌絺·尅時
下平●鯨魚·瓊花
下上●枏樹
下去●樫香
下入●郟姓
地上平●疔瘡·燈火·徵証·登高·釘鐵·叮噹·丁人
上上●戥量·鏽金·鼎灶·等待·頂項·鐏秤
上去●訂盟·橙相·椗船·綻緶
上入●得失·滴水·的錢·摘花·德仁·嫡庶
下平●程子·庭家·亭鼓·澄清·廷朝·蜓蜻
下上●錠金·定安·鄭姓
下去●鄧姓
下入●廸吉·澤涓·笛吹·擇揀·敵無·糴糶

下入 ●直曲·特是·宅厝·狄夷·滌水

頗上平 ●謑語·泙湃·烹茗·瀨水

上上 ●頫骿

上去 ●騁馳·聘定

上入 ●魄魂·璧玉·辟辨·碧白·珀琥·壁墻

下平 ●鵬鳥·彭姓·澎湖·評批·萍浮

下上 ●捵比

下去 ●憑倚

下入 ●礔石

他上平 ●廳堂·汀州

上上 ●逞姓·挺高·綖身

上去 ●鐙踏·聽耳

上入 ●勅令·忒差·陟屺·裼袒·飭整

下平 ●婷嫂·騰雲·停身

下上 ○

| 下去〇 | 下入〇 | 上平●鐘鼓·曾子·春米·征伐·晶水·禎祥·精粗·增添 | 上上●種子·井水·整齊·腫痛 | 上平●貞吉·僧道·蒸煮·罾罩 | 上入●燭燈·即時·稷禹·則准·責罰·隤陰·積囤·昃日 | 上去●諍諫·証干·政事·正中·症病·眾公·證譣 | 下平●松樹·層次·情意·晴日 | 下去●甑炊·阱陷 | 下入●蕨蔆·賊盜·疾病·籍原 | 入上平〇 | 上上〇 | 上去〇 |

上入	○
下平	●仍因
下上	○
下去	○
下入	○
時上平	●笙簧・星辰・陞官・旌旗・甥舅・牲醴
上上	●醒悟・省察・眚元
上去	●勝負・姓名・聖人・性情・檉椐
下平	●瑟琴・塞門・室家・色五・釋道・淅接・媳婦
下上	●成治・承受・城郭・誠敬・繩繰
下去	●檉春・盛昌
下入	●乘千・晟炎・簽籃
下入	●蓆筵・碩德・殖培・席禮・食餘・植杖
英上平	●膺服・纓冠・鶯燕・薨死・英雄・鸚鵡・轟車・嬰兒

新編《八音定訣》

調	例字
上上	●澎和‧鄧畢‧穎川‧永長‧顯程‧影形
上去	●應答‧甕矼
上入	●厄災‧益利‧抑反‧鎰金‧億萬‧憶鬼
下平	●盈滿‧營商‧榮辱‧楹桶‧螢火‧赢金
下上	●用要‧詠言
下去	●咏吟‧詠水
下入	●畫地‧易經‧役使‧翼羽‧繹尋‧翌日‧弋釣
文上平	○
上上	●皿器‧猛勇‧艋舟
上去	●詺詇
上入	○
下平	●鳴叫‧明光‧冥暗‧茗烹‧螟蛉‧銘心‧盟誓
下上	●命天‧甯武‧孟子
下去	●溟南

下入●密稀·蜜蜂·麥豆·墨硯·脈血·默察

語上平●鋝金

上上●硬土·研末

上去○

上入●闃閏

下平●凝水迎送·嶷歧

下上●勁剛·埕堅·迎親

下去○

下入●玉珠·逆悖·額算·獄囚

出上平●觥光·稱羨·青紅·菁茂·蜻蜓·清水

上上●請客·掯散

上去●銃鐵·篡吊·稱意

上入●測度·策計·跡足·赤白·尺寸·側室·冊封·粟米

上入●膝下·戚親

新編《八音定訣》

下平●松栢·桭申
下上●穿衣
下去〇
下入●遨馬·麟沅·剸齊
喜上平●興起·兄弟·亨元·馨香
上上●悻悍
上去●懊發
上入●赫宣·黑白·洫溝·嚇顯
下平●刑罰·恒常·橫逆·衡權·陞灶·形影·行坐
下上●荇菜·倖僥·幸喜·杏花
下去●行德
下入●欖實·域界·或有·肉豬·惑疑·闃門·獲得

八音定訣全集

柳部 24須

上平●禖走
上上●旅軍
上去●擄粉
上入●趺走
下平●驢馬
下上●慮思
下去○
下入○
邊上平○
上上○
上去●富貴
上入○

下平●匏瓜·熨物
下上●䚯卵
下去●砲蛋　下入○
求上平●龜鼈
上上●久長·韭菜
上去●句章
上入○
下平●衢街
下上●舊新·舅甥
下去●具器　下入●嗰叮
氣上平●坵叚·邱姓·軀身
上上●區別·驅馳
上上●齲齵·跬圭

新編《八音定訣》

上去 ● 去來
上入 ○
下平 ● 跔腳
下上 ● 懼恐
下去 ● 臼舂　下入 ○
地　上平 ● 蛛蜘·株蔴·誅伐
豬犬
上上 ● 抵數
上去 ● 著外
上入 ○
下平 ● 廚櫃
下上 ● 筋碗
下去 ● 箸竹
下入 ● 摚破

頗　上平 ○
上上 ● 毯毯
上去 ○
上入 ○
下平 ● 芙蓉·浮沉
下上 ○
下去 ○
下入 ● 颮譤
他　上平 ● 魅鬼
上上 ● 竚立·羚羊·枲絲
上去 ○
上入 ● 魠泥·托破
下平 ● 鋤頭
下上 ○

下去〇舒

下入●疽癰・銖錙・洙泗・侏儒・朱紅・珠玉・硃砂・茱萸

曾上平

上上●鬻烹・仔細・主賓

上去●馬騏・註解・註定・鑄鉎・蛀虫

上入●淬水

下平●慈愛

下上●住居・炷香

下去●聚集・柱樑

下入●弋箭

入上平〇

上上●癒病・庚公・醹蕩・乳牛・愈立

上去〇

上入〇

新編《八音定訣》／ 223

	英上平						時上平						下平
上上	上平	下入	下去	下上	下平	上入	上去	上上	上平	下入	下去	下上	下平
●紃緞·禹湯·宇宙·雨風·羽毛	●朽木·污穢·訐言·吁嗟·迂遠·竽笙	●鍊手	●豎旗	●樹木·緒光·敘述·涘水·俟候	●祋衣·殳執·芰草	●觫口	●泗淮·四三·絮柳	●璽玉·署官·死生·臬榮	●偲切·須臾·書詩·鬚嘴·胥相·篩米	○	●喻曉	●劊呼·諭示·裕豐	●儒士·孺子·臾須·踰越·瑜玉·榆桑

上去●飫飽·煦號	上入●㤰起	下平●余姓·盂盤·瑛瑎	下上●有無	下去●炮黃	下入〇	文上平●礁名	上上●憮然·武文·舞搖·蕪荒·撫阮	上去〇	上入〇	下平●驚祝·毋意·無有·誣詐·旡咎	下上●務本·霧雲	下去●巫師·婺婦	下入〇

語上平○
上上●圄囹
上去○
上入○
下平●娛樂·⿰牜虞⿰牜唐·愚賢·隅坐
下上●嵎夷·遇合
下去●寓偶
下入○
出上平●睢關·騶虞·雌雄·趨走
上上●取求
上去●厝宅·趣樂·娶嫁
上入○
下平●皆小
下上○

| 下去〇 | 下入●鵁 | 喜上平●夫妻・膚肌・敷德・芙蓉・痛病・灰火 | 上上●甫台・俯仰・府官・釜鼎・篳篥・斧柯・黼黻 | 上去●赴訴・富貴・仆期・傅姓・副使・付用・賦詩 | 上入〇 | 下平●蚨蜻・符竹・鳧鳥・扶持 | 下上●輔佐・阜師・腐豆・父子・婦女・駙馬 | 下去●附寄・負勝・鮒魚 | 下入〇 | | |

八音定訣全集

25 添部

柳										
上平 ● 拈閹・踮脚	上上 ● 殮殯・斂省	上去 ● 贃付	上入 ● 攝衣・躡足・讘諓	下平 ● 廉恥・簾清・簾前・奩粧・鐮刀・粘貼・臁腳・鮎魚	下上 ● 念心	下去 ● 撚手	下入 ● 臘月・蠟等・粒米・獵打・拉核・蠟蜂	邊上平 ○	上上 ○	上去 ○	上入 ○

下平	下上	下去	下入	求上平	上上	上去	上入	下平	下上	下去	下入	氣上平	上上
○	○	○	●爌爆	●兼相·蒹葭·鵜鳥	●減加·檢點	●劍刀·劍仝	●刧煞·夾持·刮強·篋匣·莢豆·刮剝·郟溪	●鹹海·鹽酸	○	○	●訣讘	●謙詞	●慊自·歉不

新編《八音定訣》 / 229

上去 ● 欠賒	上入 ● 怯好	下平 ● 鍼鉄·緘封·箴手	下上 ● 儉勤	下去 ○　下入 ● 鎰	地 上平 ● 沾恩·霑霜·砧刀	上上 ● 點鐘·點燈	上去 ● 墊子·店舖·玷辱	上入 ● 揿水·輾車	下平 ● 沉浮	下上 ● 簟筅	下去 ● 詀言	下入 ● 碟碗·牒簡·疊重	● 蝶蜂·疊累

頗 上平 ○	上上 ○	上去 ○	上入 ○	下平 ○	下上 ○	下去 ○ 顜愚	下入 ○	他 上平 ● 添加	上上 ● 忝思·諂媚	上去 ● 菾辱	上入 ● 帖紙·貼相	下平 ● 恬靜	下上 ● 踮卯

下去●撿泥

下入●礑石

曾上平●瞻望·尖秀·占卦

上上●詹姓·針線·鮎龍

上入●佔儷　上去●

上入●睫目·接交·汁湯

下平●婕妤

下平●潛心　下上●漸時

下去●暫日

下入●諜言·越行

入上平●頷須

上上●冉求·染布·茻茬

上上●髯鬍·襝衽

上去○　上入○

下平○

下上○　下入○

下去○

時上平●纖毫·殲教

上上●閃走·陝病·剡咬

上去●滲水·瀸病·泐漏

上入●澁分·焌忽·霙明

下平●蟾攀·簪前

下上●暹進

下去●贍足

下入●涉水

英上平●閹圭·懨病·奄咬

●淹沒

上上●掩遮·晻日·撊隱

上去	上入	下平	下上	下去	下入	文上平	上上	上去	上入	下平	下上	下去	下入
●	●	●	●	●	●	○	○	○	○	○	○	○	○
饜奪·饜足·厭氣	曄尾·饁進	鹽醋·閻姓·鹹味	炎火·焰光·琰玉·欻風	艷色	葉姓								

語上平	上上	上去	下平	下上	下去	下入	出上平	下入	上上	上上	上去	上入	下平
○	●	○　上入　○	●	●	●	●	●	●	●	●	●	●	●
	儼然·玁狁		閻君·嚴父·岩山	巖赫	驗勘·驗效	讞效	糋豆·僉議·籤詩	鄴姓·業物	簽條·襜整·幨帷	鉮鉄·艖船·摻毛	譜懇·僭竊·鐕刀	竊盜·妾妻·竊偷	鍃刻　下上　○

下去〇

下入〇

喜上平●趨散

上上●險阻

上去●喊唱・奐去

上入●唊聲

下平●嫌棄

下上●中門

下去〇

下入●洽汁・狹隘・挾持・狹廣・協力・叶熊・脅肩

八音定訣全集

26 風部

柳上平 ●咔鱗

上上 ●朗明·曩昔·籠箱·隴坑·晃光·壠塚·聾耳

上去 ●嫷大·諷謗

上入 ●瀧塗·攏鐸

下平 ●穠李·郎君·狼狽·農士·濃錦·膿血·廊廟

下上 ●哢吟·弄作

下去 ●浪波·堎穴

下入 ●諾唯·落花·祿福·鹿脯·洛陽·駱駝·樂暢

邊上平 ●朧膛

上上 ●榜金·牓本

上去 ●謗言

上入 ●卜卦·北南

下平 ●旁通·房廳·膀肛·滂沱·傍邊

下去 ●傍相

下上 ●磅重·綁倚

下入 ●箔簾·僕車·匐匍·薄厚·泊淡·縛綑

求
上平 ●蚣蜈·罡天·攻治·崗山·剛柔·綱領·功事·岡南

上上 ●廣大·簾竹

上去 ●貢進·槓枕·誑言·績緞

上入 ●谷米·郭姓·郭城·穀五·閣樓·國邦·槨棺

下平 ●紅言·狂克·註發

下上 ○

下去 ○

下入 ●禁 聲雞

氣
上平 ●空否·康熙·亢陳·糠米·匡姓·筐竹

上上 ●閧門·鞚馬·慷慨·孔姓

上去●抗拒・控告・壙墓・頏頡・曠池

上入●躩足・酷熱・擴充・哭哀・矍鑠

下平●奢大

下上○

下去○

下入●鐸率

地上平●東西・噹叮・冬瓜・當敢

上上●董姓・黨類・矘古・儻倜

上去●棟樑・凍冷・當典・蝀虹

上入●楝椅・卓姓・琢玉・篤責・督教・椓削

下平●彤管・同行・堂廳・銅鐵・僮相・唐子・仝合・塘池

下平●桐梧・筒竹・棠海

下上●撞憧・憧心・洞仙・蕩放・動靜

下去●宕漾・硐石

下入 ●覷私·獨自·毒孤·濁清·瀆冒·犢牛·鐸木·躅蹢
下入 ●櫝櫃
頗上平 ○
上上 ●敨耐·拒手·誶水
上去 ●肛風·虼毛
上入 ●粕糟·博廣·朴實·榑鼓·襮朱
下平 ●醱水
下上 ●覾䵷
下去 ●垹門
下入 ●晒干·曝日
他上平 ●湯水·恫言·侗仙·通達·痌瘝
上上 ●桶水·統緒·倘然
上去 ●盪舟·痛疾
上入 ●托破·託言·橐囊·汑滑

下平●糖員

下上○

下去○

下入○讀書

曾上平●莊端·藏收·粧梳·宗族·棕樹·鬃馬·裝行

上上●總統·摁是

上去●壯勇·葬埋·葬祭·綜絃·粽粿

上入●作造

下平●叢大·崇高·藏收·欉樹

下上●臟小

下去●狀告

下入●濯洗·族宗·柞木·驚神·酢酬·泎水·擢拔

入上平○

上上○

上去	上入	下平	下上	下去	下入	時上平	上上	上去	上入	下平	下上	下去	下入
○	○	○	○	○	○	●桑木·霜雪·喪祭·雙對·孀婦·霜砒	●爽利·顙稽·嗓道·悚惶·磉石	●送迎·宋姓·喪先	●速遲·束脩·揀挨·橄木·蔌菜·朔日	●傸土	●搠大	○	●鍊手

英上平 ●翁老·汪姓·尪佛
上上 ●枉冤·往來
上去 ●塕城·甕䂿
上入 ●屋房·惡善·齷齪
下平 ●王帝
下上 ●旺興
下去 ●迋姓
下入 ●櫎紗·篗篋
文上平 ●摩手·摸搜·碰硝·謊誣
上上 ●襪襪·罔昧·莽草·網羅·蟒蠅·惘憂
上去 ●扤搥·謹瞻
上入 ○
下平 ●矇矓·芒菅·蒙訓·茫然·忘記·矇瞍·忙慌
下上 ●望仰·夢眠·夢視

下去●妄作

下入●牧羊·穆昭·寬寂·睦和·沐浴·漠溟·莫勿

上去○

上上○

語上平●岇高

上入●愕

下平●印否·昂軒

下上●戇神

下去○

下入●鵠鴻·鄂鄱·鱷魚·蕁姓·咢鳥·諤誼

出上平●滄浪·蒼天·蔥菜·窗門·聰明·鎗刀·倉廩

上上●搶奪·愴悽

上去●刱造·創造

上入●縒亂·齹齫·簇花·錯舛·鏃箭·磋石

下平 ●牀棹·床眠·戕賊

下上 ●遃過

下去 ○

下入 ●鑿破·戳記

喜上平 ●風雨·枋杉·封護·峯山·峰山·蜂蝶·魴魚·坊街

●荒蕪·方四·丰采·鋒先·芳香·蔛菜·豐厚·鄭都

●楓木·澧水·慌忙·烽火·烘爐·瘋病

上上 ●眖共·憹衣·傚依·訪察·恍惚·髣方·諷調·紡紗

上去 ●愨心·彷彿·晃光

●況此·放肆

上入 ●蝮虫·蕾菜·馥香·複重·藿菜·輻輪·涸轍·墾溝

●腹心·霍氏·覆反·幅巾·福祿·宓姓·蝠蝙

下平 ●癀廢·弘大·妨害·磺硫·簧笙·煌輝·虹雲·航船

●帆舟·逢相·杭州·潢水·篁竹·縫裁·皇天·黃姓

下平●隍城·凰鳳·鴻雁·洪姓·防閑·紅白
下上●奉侍·捧物
下去●俸祿·萋蔞·鳳凰·喸多
下入●復再·服衣·茯苓·袱袍·鶴白·伏處

27 敲部

柳	邊	求	氣	低	波	他	曾	日	時	鶯	蒙	語	出	喜	打
上平●撓屈															
上上●苳葉・鮐鮑・扭遺・枘氣															
上去●髦多・芮風															
上入○															
下平●樓亭・溜客・流水・劉姓															
下上●老大・漏洩・鬧市															
下去●瘦病															
下入○															
邊上平●泡決・鮑姓・苞茯・苞草・胞同															
上上●飽飢															
上去●哟嗯															
上入●皱䛍															

下平 ●鮑魚·匏瓜·庖廚·炰物·苞竹	下上 ●皱頭	下去 ○	下入 ●賻貨	求上平 ●膠肐·蛟龍·交加·郊野·鈎釣·筊椅	上上 ●九十·狡猾·狗豬·犬馬·姣好·絞死	上去 ●較計·教訓	上入 ●唊餅	下平 ●袁姓·猴虎·猿山	下上 ●厚薄	下去 ○	下入 ●遷落	氣上平 ●境胞·敲鐘·閫分·磽肥	上上 ●口家·巧笑

下入●磚碟	下去●胆脛·豆芽·痘疹	下上●豆腐	下平●投告·骰玉·茇藍	上入●啄鼠	上去●閒鬧·鬪法·罩雲	上上●陡門·斗升	地上平●拋迎·嘲誚	下入●磋	下去●砭	下上○	下平○	上入●塔圪	上去●叩答·哭啼·扣除

下上●餃犬·餞藥	下平●镸枕·頭尾	上入○	上去●訆相·透通·胆刎	上上●鈄姓·撽結·翱葛	他上平●偷賊	下入●爆火	下去○	下上●抱懷·麭鏡	下平○	上入●雹雪·膊颭	上去●泡茶·袍套·炮大·砲石	上上●跑馬·硼飛	頗上平●厞輕·氌毛·拋棄·枹柚

- 下去　○
- 下入　○
- 曾上平　●　糟糖・攪柴
- 上上　●　走行・蛣蜘・找足
- 上去　●　奏保・竈君・灶鼎
- 上入　○
- 下平　●　剿玉・巢鵲・勦兵
- 下上　●　找相
- 下去　●　捍搖・淖姓・悼痛
- 下入　●　棹船
- 下入　●　炸聲・嚹食・咋哺
- 入上平　○　上上　○
- 上去　○
- 上入　●　蟹風

- 下平　○
- 下上　○
- 下入　●　晃
- 下去　●　哨
- 時上平　●　篙斗・梢公・誚譏
- 上上　○　弝衣
- 上去　●　諛怒
- 上上　●　掃箒・哨船・嗽咳
- 上入　●　哨颯
- 下平　●　○　下上　○
- 下去　○
- 下入　○
- 英上平　●　甌金・歐氏・砸碗
- 上上　●　拗蠻・毆打・嘔吐

上去●慇面
上入○
下平●喉咽
上上●後前·後先
下去○
下入○
文上平●掔牛
上上●卯時·昴星·茆菜
上去●借好
上入●呦齒
下平●茅草·矛戟·蟊虫
鍪頭 下去○
下上●貌容
下入●貿物·璞草·腜肉

語上平●薂皮
上上●咬臍
上去○ 上入●嚇口
下平●爻卦·賢愚·殽味
骹牙
下上●藕粉
下去●唁歸
下入●樂禮
出上平●抄兵
上上●草木
上去●臭香·湊合
上入○
下平●扉正
下上○

下去○	下入○	喜上平●咻右·嚌言·哮眙	●嘵嚷	上上●飍颭·吼叫·哮啼	上去●孝悌	上入●覆売	下平●洘水	下上●效駿·効功·校學	下去●鱟蟳·候俟	下入○

八音定訣全集 28 歪部	柳上平●靐圭	上上●堅理·取瞇	上去●荜羅	上入○	下平●奀	下上●胋	下去●薜	下入●巎	邊上平●䩟妣	上上●彼邪	上去●崒山	上入○

新編《八音定訣》

下平 ○
下上 ○
下去 ○
下入 ● 轂
求 上平 ● 乖巧
上上 ● 拐托・蒯姓・拐杖
上去 ● 恠奇・怪妖
上入 ○
下平 ○
下上 ● 罙脚・砝相・挕折
下去 ● 柭繠
下入 ○
氣 上平 ● 勦力
上上 ● 拐倒

上去 ● 嗋咽・快樂・快暢
上入 ○
下平 ● 狷猴
下上 ○
下去 ○
下入 ○
地 上平 ○
上上 ○
上去 ● 刷斷
上入 ● 闃
下平 ○
下上 ○
下去 ● 臘月
下入 ● 鯢魚

頗
上平●琁羨
上上●盼蹴
上去●賮出
上入○
下平○
下上●吩
下去●指
下入○
他
上平●鵑鳥
上上●韽足
上去○
上入○
下平○
下上○

下去○
下入●禣
曾
上平○
上上○
上去●俒困
上入○
下平○
下上○
下去○
下入●腺
入
上平●劓
上上●餕飢
上去○
上入○

下平〇
下上〇
下去〇
下入●⿰阝原
時上平●颼風
上上●肩穴
上去〇
上入●刷削
下平〇
下上〇
下去〇
下入〇
英上平●歪⿱不平
上上●孬行

上去●髗喘
上入〇
下平〇
下上〇
下去〇
下入〇
文上平●毬毛
上上●侮慢
上去〇
上入〇
下平〇
下上〇
下去〇
下入〇

語上平●庰名·闚頑
上上●佝古
上去●蚗蛥
上入○
下平●隗山
下上○
下去○
下入●輀
出上平●顚鼻
上上●瘄病
上去●攊
上入○
下平○
下上○

喜下去○
下入●捉
上上平●俋優·礦石
上上○
上去●嚷喲
上入●齾齒
下平●隗陰·懷念·淮泗
●臁昭
下上●潰害
下去●壞敗
下入●蜀

八音定訣全集

29不部

柳上平○

上上○

上去○

上入○

下平●閬花

下上○

下去○

下入○

邊上平●方姓

上上●榜金

上去○

上入○

下平●縍相

下上●傍倚

下去●飯粥

下入○

求上平○

上上○

上去○

上入○

下平○

下上○

下去○

下入○

氣上平○

上上○

	上去	○
	上入	○
	下平	○
	下上	○
	下去	○
	下入	○
地	上平	○
	上上	○
	上去	○
	上入	○
	下平	○
	下上	○
	下去	○
	下入	○

頗	上平	○
	上上	○
	上去	○
	上入	○
	下平	○
	下上	○
	下去	○
	下入	○
他	上平	○
	上上	○
	上去	○
	上入	○
	下平	○
	下上	○

新編《八音定訣》 / 255

								曾		
上	上	上	入	下	下	下	上	上	上	下	下
上	上	上	上	下	下	下	上	上	上	下	去
入	去	上	平	入	去	上	平	入	去	上	平
○	○	○	○	○	○	○	○	○	○	○	○

	英						時			
上	上	下	下	下	上	上	上	下	下	下	下
上	平	入	去	上	平	入	去	上	平	入	去	上	平
●	●	○	○	○	○	○	○	○	○	○	○
姆	不									
伯	聲平									

上段表（自右至左）：

上去○	上入○	下平●闌花	下上●不肯	下去○	下入○	文 上平○	上上○	上去○	上入○	下平○	下上○	下去○	下入○

下段表（自右至左）：

語 上平○	上上○	上去○	上入○	下平○	下去○	下入○	出 上平○	上上○	上去○	上入○	下平○	下上○

			下入 ○	下去 ○	下上 ○	下平 ○	上入 ○	上去 ○	上上 ○	喜 上平 ○	下入 ○	下去 ○

八音定訣全集

30 梅部

上入 ○	上去 ○	上上 ○	邊 上平 ○	下入 ○	下去 ○	下上 ○	下平 ● 犁牛	上入 ○	上去 ○	上上 ● 餒飢·妳姐	柳 上平 ● 癌病		

下平○　下上●珮玉　下去●佩記　下入○　求上平○　上去●改過　上上●疥癬　上入○　下平●鮓魚　下上●易　下去○　下入●挾物　氣上平○　上上○

上去○　上入○　下平●魅厚　下去○　下上○　下入●梜枷　地上平○　上上○　上去○　上入○　下平○　下上●苧布　下去○　下入○

新編《八音定訣》 / 259

字	上平	上上	上去	上入	下平	下上	下去	下入
頗	○	○	○	○	○	●稗粟	○	○
他	○	○	○	○	●提文	●蚱蜢		

字	上平	上上	上去	上入	下平	下上	下去	下入
(續前)							○	○
曾	○	○	○	○	○	○	○	○
入	○	○	○	○	○	○	○	●劈刀

下平●擠搔
下上○
下去●未粗
下入○
時上平○
上上○
上去○
上入○
下平●慇頜
下上○
下去○
下入○
英上平○
上上○

上去○
上入○
下平○
下上○
下去○
文上平○
上上○
上去○
上入●卜不
下平●梅花·鍆金
下上○
下去●昧岡
下入○

新編《八音定訣》

語
- 上平 ● 詭 情
- 上上 ● 睨 視
- 上去 ● ○
- 上入 ● ○
- 下平 ● 牙 做
- 下上 ● 藝 工
- 下去 ● 外 內
- 下入 ● 月 日

出
- 上平 ● 初 起
- 上上 ● 髓 骨
- 上去 ● 燦 粿
- 上入 ● 切 苦
- 下平 ● 摧 足
- 下上 ● 尋 物
- 下去 ○
- 下入 ○

喜
- 上平 ● 厄 目
- 上上 ● 悔 反
- 上去 ● 誨 教
- 上入 ● 血 膿
- 下平 ● 回 反
- 下上 ● 會 面
- 下去 ● 蟹 蝦
- 下入 ● 挾 旗

- 八音定訣全集 31樂部
- 柳 上平 ●颶（肉失）
- 上上 ●恢氣・椒柳・莌花
- 上去 ●芮風
- 上入 ○
- 下平 ●樓亭・劉姓
- 下上 ●漏更
- 下去 ●老幼
- 下入 ○
- 邊 上平 ●包虀
- 上上 ●飽食
- 上去 ●呦䐞
- 上入 ○
- 下平 ●鮑魚
- 下上 ○
- 下去 ○
- 下入 ○
- 求 上平 ●校椅・交結・溝隙
- 上上 ●狗豬
- 上去 ○
- 上入 ○
- 下平 ○
- 下上 ○
- 下去 ○
- 下入 ○
- 氣 上平 ●撤風
- 上上 ●口家

上去●扣除・叩答　上入○　下平○　下去○　下上○　下入○　地上平●兠晉　上去●閂張　上上●斗升　上入○　下平●投詞　下上●荳泥　下去●痘疹　下入○

頗上平●枹桔　上上●跑馬　上去○　上入●雹雪　下平○　下上●抱孫　下去○　下入○　他上平●偷物　上上●朝毛　上去○　上入○　下平●镸起　下上○

264 / 《八音定訣》整理及研究

上入 ○	上去 ○	上上 ○	入上平 ○	下入 ● 噍食	下去 ● 找相	下上 ● 棹舟	下平 ● 剿玉	上入 ○	上去 ● 灶鼎	上上 ○	曾 上平 ● 糟糠	下入 ○	下去 ○

上上 ● 嘔吐	英 上平 ● 砸碗	下入 ○	下去 ○	下平 ○	上入 ● 颺飄	上去 ● 掃箒	時 上平 ● 聳（名亭）	下入 ○	下去 ○	下上 ○	下平 ○	

上去	上入	下平	下上	下去	下入	文上平	上上	上去	上入	下平	下上	下去	下入
○	○	●咽喉	●後前	○	○	○	●卯時	○	○	●茅草	○	○	○

語上平	上上	上去	上入	下平	下上	下去	下入	出上平	上上	上去	上入	下平	下上
●樂（名木）	●咬臍	○	○	●穀嘉	●樂（好喜）	○	○	●抄線	●草花	●臭香	○	●屁正	○

| | | | | 下入○ | 下去●候俟 | 下上●效驗 | 下平○ | 上入○ | 上去●孝悌 | 上上○ | 喜上平●嘮吼 | 下入○ | 下去○ |

| 上入○ | 上去●報答·詒口 | 上上●保身 | 邊上平●褒貶 | 下入●落花 | 下去○ | 下上○ | 下平○ | 上入○ | 上去●贏矩 | 上上●潦濆·惱煩·腦頭 | 柳上平○ | 32毛部 | 八音定訣全集 |

新編《八音定訣》／ 267

上上●坷坎	氣上平●糠米	下入○	下去○	下上●咄泥	下平●適豬·槁車	上入●閣亭	上去●槓篰·鋼鑠	上上●稿稻	求上平●扛担	下入●鉎金·泊澹	下去○	下上●暴戾	下平●婆公

下入●燡火	下去●丈姑	下上●撞種	下平●腸肺	上入●棹椅	上去●當頭	上上●倒顛	地上平●多少	下入○	下去○	下上○	下平●尻摇	上入○	上去●藏阮

聲母	上平	上上	上去	上入	下平	下上	下去	下入
頗	●波海	●頗敗	●朴蔗·粕粆	○	●抱孫	○	○	○
他	●湯水	●討取	●盪泔	●魟泥·託言	●糖員	●酷煮		

聲母	上平	上上	上去	上入	下平	下上	下去	下入
							○	●砒酒
曾	●庄里·粧梳·莊姓	●左右·早起	●佐輔	●作細	●漕水·曹姓·槽豬	●狀元	●贓小	●弋箭
入	○	○	○	○				

新編《八音定訣》 / 269

下平 ○
下上 ○
下去 ○
下入 ○
時 上平 ● 霜砒
上上 ● 鎖銅·嫂兄
上去 ● 燥火
上入 ● 繚繩
下平 ● 仯行
下上 ● 唆使
下去 ○
下入 ● 鍊鍵
英 上平 ● 秧禾
上上 ● 跅足·襖紅

上去 ● 映相
上入 ● 難易
下平 ● 蚵蜊
下上 ● 呵呀
下去 ○　下入 ● 學入
文 上平 ● 摩厲·芒草·毫期
● 毫老
上上 ● 牡丹·母父·畝畂
上去 ○
上入 ● 麼甚·卜乜
下平 ● 毛羽·毫耽
下上 ● 眊勞
下去 ● 冒感
下入 ● 膜勝

下上	下平	上入	上去	上上	出上平	下入	下去	下上	下平	上入	上去	上上	語上平
○	●床眠	●簇擁·擇數	●造次·剉刀	●草木·楚國	●倉廩·瘡疳	○	●臥睡	●餓飢	●蜈蚣	○	○	●五六·我爾·偶然	○

		下入	下去	下上	下平	上入	上去	喜上平	下入	下去
		●鶴白	●賀慶	●號令	●扶持	○	●火水·好善	●方四	○	○

八音定訣全集

33 京部

柳 上平 ○
上上 ● 嶺山
上去 ○
上入 ● 懶恪
下平 ● 娘爹
下上 ● 令號
下去 ○
下入 ● 掠椋
邊 上平 ● 兵部
上上 ● 丙子·餅茶
上去 ● 併相
上入 ● 壁墻

下平 ● 平仄
下上 ○
下去 ○
下入 ○
求 上平 ● 京城·驚畏
上上 ● 子父
上去 ● 鏡匣
上入 ○
下平 ● 行同
下上 ● 件物
下去 ○
下入 ● 展木·擇物
氣 上平 ● 扁門
上上 ○

上去	○ 隙空
上入	●
下平	○
下上	○
下去	○
下入	○
地上平	○
上上	● 鼎灶
上去	● 椗船
上入	○
下平	● 埕庭
下上	● 定安·錠金
下去	○
下入	● 籮耀

頗上平	● 氛骨·筼簽·兵鋪
上上	● 栟怦
上去	● 乒乓
上入	● 僻偏
下平	● 坪高·坍山·堋山
下上	○
下去	○
下入	● 甏瓱
他上平	● 听見·廳房·聽看
上上	○
上去	● 疼生·痛疼·愛惜
上入	● 析分
下平	● 程路
下上	○

下去○	下入○	曾上平●腈肉·精粗·正月	上上●饕物·洰鹽·洴脯	上去●正四	上入●隻雙	下平○成事	下上○	下去●俘丑	下入●食物	入平○	上上○	上去○	上入●跡脚

下平○	下上○	下去○	下入○	時上平●聲音·昇平	上上○	上去●聖靈	上入●析分·錫銅·淅接	下平●城郭	下上●檻粟	下去○	下入●磉石	英上平●嬰孩·纓帽·袂衣	上上●影形

下入○	下去○	下上●命運	下平●格柏·明聰·名聲	上入○	上去○	文上平●喻　上上○	上去○役蠹·帙簿·蝶蜂	下入●杙檻·易經·驛馬	下去●颺風	下上●揚米	下平●贏輪·營寨	上入●控空	上去●應叫

下上○	下平●成就	上入●刺繡·赤白	上去●倩僱	上上●揖散·請客·且夫	出上平●青草·清福·礁石	下入●頸青	下去○	下上●迎親	下平●迎送	上入○	上去○	上上○	語上平○

八音定訣全集

34 山部

- 柳 上平 ○
- 上上 ● 雫菜
- 上去 ● 瀨壩
- 上入 ● 垗士
- 下平 ● 欄牛
- 下上 ● 爛臭
- 下去 ● 涎唾
- 下入 ● 檯髦·壩園
- 邊 上平 ● 搬運·般一·演戲
- 上上 ● 坂園
- 上去 ● 半全·絆纏
- 上入 ● 撥瀧·砣矼

- 下去 ○
- 下入 ○
- 喜 上平 ● 兄哥
- 上上 ○
- 上去 ○
- 上入 ● 抆草
- 下平 ● 炊火
- 下上 ● 艾草
- 下去 ○
- 下入 ● 懾驚·額頭

下平●盤桶
下上●坂開
下去●拌鬆
下入●跌倒
求上平●乾爆・菅草・官員
上上●竿旗
上去●觀寺
上入●割捨
下平●寒暑
下上●汗發
下去●供未　下入○
氣上平●寬緩
上上●剾皮

上去●看戲
上入●闊大
下平○
下上○
下去○
下入○
地上平●單數　上上○
上去●旦今
上入●攜採
下平●壇佛・彈琴・箄竹
●陳姓
下上●憚懶
下去●叚坵・溝于
下入○

新編《八音定訣》

頗							他						
上平●潘姓	上上●坪地	上去●判斷	上入●潑水	下平●盤相	下上●伴群	下去○	下入●躂足	上平●灘貨	上上●攤鋤	上去●炭火	上入●獺魚·脫走	下平●檀香·傳倒	下上○

		曾											
下去○	下入○	上平●煎茶	上上●盞酒	上去●燃油	上入●拙時	下平●泉水	下上●濺尿	下去○	下入●蠈蜘	入上平○	上上○	上去○	上入○

上上 ●碗碟	英 上平 ●安排·鞍馬	下入 ●趕走	下去 ○	下上 ○	下平 ○	上入 ●息歇·滑氣	上去 ●線絲·散攬·傘雨	上上 ●散藥	時 上平 ●山嶺	下入 ○	下去 ○	下上 ○	下平 ○

下入 ●末刓	下去 ○	下上 ●耗露	下平 ●賺欺·麻油	上入 ●抹璧	上去 ○	上上 ●滿月	文 上平 ●披衣	下入 ●活死	下去 ●易交	下入 ●換解	下上 ○何姓	上入 ●控番	上去 ●晏早·案香

語上平○
上上●我爾
上去○
上入○
下平○
下上○
下去○
下入○
出上平●筌莉
上上●闖開
上去●拴門
上入●綴銅·掇手
下平●鰇鰻
下上○

下去○
下入●乎偏
喜上平●歡喜
上上○
上去○
上入●喝喊
下平○
下上●捍定
下去●岸田
下入●從步

《八音定訣》整理及研究

八音定訣全集

35 燒部

柳上平	○
上上	● 瞭目
上去	○
上入	○
下平	○
下上	○
下去	○
下入	● 錄抄·暑知
邊上平	● 標插
上上	● 表章
上去	○
上入	○

下平	○
下上	● 哺吃
下去	● 進步
下入	○
求上平	○
上上	○
上去	● 叫喊
上入	● 脚夫
下平	● 橋木·蕎菜
下上	● 轎輦
下去	● 籬竹
下入	○
氣上平	○
上上	○

上去	上入	下平	下上	下去	下入	地上平	上上	上去	上入	下平	下上	下去	下入
●	●	○	○	○	○	○	○	●	●	●	●	●	●
譴作	却捨							釣魚	撨拖	蹺跳	趙姓	銚仔	着定

頗上平	上上	上去	上入	下平	下上	下去	下入	他上平	上上	上去	上入	下平	下上
○	○	●	○	●	○	○	○	●	○	●	○	●	○
		票姓·漂洗		萍水				挑扐		耀䍃		跳脚	

下去〇	下入〇	曾上平●糊椒·蕉芭·招蓮	上入●借移	上去●醮齊·照鏡	上上●少多	入上平〇	下平〇	下上〇	下去〇	下入●石沙	上上〇	上去〇	上入〇

下平〇	下上〇	下去〇	下入〇	時上平●燒香	上上●小樣	上去●鞘刀	上入●惜愛	下平〇	下上●邵姓	下去〇	下入●俗氣	英上平●腰心·邀君·么麼	上上●嫋柔

調	（續前）	文	語	出
上平		○	○	○
上上		●邈遠	●睍目	○
上去	○	○	○	●笑巧
上入	●勺一・約量・蜻青	○	○	●尺寸
下平	●搖動	●描寫	●蝶蚶	●蠼脚
下上	●藥材	●廟庵	○	●焐光
下去	○	●廟宮	○	
下入	●鷓鶯	○	●譚相	

《八音定訣》整理及研究

（前接）

下入●葉枝	下去○	下上●賛雞	下平○	上入●歇官	上去○	喜 上平●虎豹	下入●徹起	下去○席被

八音定訣全集　36 莊部

上入○	上去○	邊 上平●方姓·幫帖·枋樹	上上●本錢·榜虎	下入○	下去○	下上●蛋鴨·卵鳳	下平●榔栳	上入○	上去○	上上●軟硬	柳 上平●勸攛

新編《八音定訣》

（上段，自右至左）

- 下平　●旁貼
- 下上　●傍倚
- 下去　●飯粥
- 下入　○
- 求　上平　●缸油・光彩
- 上上　●廣東・管升・捲簾
- 上去　●鋼銅・貫錢・卷經
- 上入　●輋牛
- 下平　○
- 下上　○
- 下去　○
- 下入　○
- 氣　上平　●康姓・糠米
- 上上　○

- 上去　●勸善
- 上入　○
- 下平　○
- 下上　○
- 下去　○
- 下入　○
- 地　上平　●當擔
- 上上　●返回
- 上去　●當典　　上入　○
- 下平　●唐姓・腸肚・塘舖
- 下上　○　長短
- 下上　●斷線
- 下去　●丈幾
- 下入　○

頗上平●鈁痣·迉石
上上○
上去○
上入○
下平○
下去○
下入○
他上平●湯姓
上上○
上去●盪油
上入○
下平●糖員·傳孫
下上●醋煮

下去●礧門
下入○
曾上平●粧塑·庄田·莊姓
上上○●磚甓　上去●鑽仔
上入○
下平●全齊
下上●狀告
下去●贓小
下入○
入上平○
上上○
上去○
上入○

下平○

下上○

下去○　下入○

時　上平●桑弓・孫子・酸醋

上上●損害・礤定

上去●算數・蒜葱

上入●霜雪

下平●箂籠

下上●礤墻

下去○

下入○

英　上平●秧苗

上上●阮姓

上去●映相

上入○

下平●黃姓

下上●瞯目

下去○

下入○

文　上平●芒草

上上●晚早

上去○

上入○

下平●門戶

下上●問答

下去●冒功

下入●膜勝

| 語上平○ | 上上○ | 上去○ | 上入○ | 下平○ | 下上○ | 下去○ | 下入○ | 出上平●村鄉 | 上上● | 上去●鉎花 | 上入○ | 下平●床眠 | 下上○ |

| 下去○ | 下入○ | 喜上平●坊地·昏日·方四 | 上上○ | 上去○ | 上入○ | 下平●園田 | 下上●遠近 | 下去○ | 下入○ | | | |

八音定訣全集

37 三部

柳
- 上平 ●蚨玉
- 上上 ●拿捉
- 上去 ●電薛
- 上入 ●凹腰
- 下平 ●筐籃·藍姓·林樹
- 下上 ●那是
- 下去 ○
- 下入 ●曬灼·獵灼

邊
- 上平 ●芭蕉
- 上上 ●把持·飽飢
- 上去 ●豹虎·霸旺·儞佔
- 上入 ●百年
- 下平 ●爬瓜
- 下上 ●罷休
- 下去 ○
- 下入 ○

求
- 上平 ●監囚
- 上上 ●敢作
- 上去 ●糉麨·醋粿
- 上入 ●甲頭
- 下平 ●啥泥
- 下上 ●咬破
- 下去 ○
- 下入 ○

氣
- 上平 ●甜砰
- 上上 ●巧奇

調	上平	上上	上去	上入	下平	下上	下去	下入
地	●擔担	●膽智·胆肝	●荅大·担擔	●搭棚	●談言·惔憂	●淡濃·掞落	○	●踏步
	●抑箠			●箠魚	○		○	○

調	上平	上上	上去	上入	下平	下上	下去	下入
頗	●拋魚	○	●有冇·怕懼	●打毆	○	●菢盛	○	○
他	●他鄉	●握撘	●叱吒	●塔寶	○	●挺捧		

新編《八音定訣》

- 下去　○
- 下入　●疊重
- 曾　上平　●查問
- 　　上上　●斬半
- 　　上去　●詐偽·謠鉄
- 　　上入　○
- 下平　●柞攪
- 下上　○
- 下去　●開園
- 下入　○
- 入　上平　○
- 　　上上　○
- 　　上去　○
- 　　上入　○

- 下平　○
- 下上　○
- 下去　○
- 下入　○
- 時　上平　●衫褲
- 　　上上　●恓悄
- 　　上去　●掃打
- 　　上入　●尨接·颱風
- 下平　○
- 下上　○
- 下去　○
- 下入　●翼羹
- 英　上平　●鴉鳥
- 　　上上　●痳病

上去●亞元·俯首

上入●押解·鴨水

下平○

下上●唯應

下去○

下入●匣鏡·盒玉·狎開

文上平●咩羊

上上●媽公

上去●嗎牛

上入●肉皮

下平●麻黃

下上●罵斥

下去○

下入●覓尋

語上平○

上上●雅意

上去○

上入○

下平●牙齒

下上●玡 玉次

下去●迓迎

下入○

出上平●搓攪

上上●炒煎

上去●咤叱·鈔錢·詫細

上入●插栽

下平●柴草

下上●庴屋

下去○

下入●奄大

上上平●嘎嘻

喜上上○

上去●嘑吐

上入●炣火

下平●霞雲

下上○

下去●廈門

下入●籗竹

八音定訣全集

柳上平●髳髮　38千部

上上●乃反·廼積·奶太

上去●嫐（字女）

丬大　上入○

下平●蓮花

下上●藾三·奈何·賴恃

下去○　下入○

●耐尌

邊上平●班貓

上上●狼犬

上去●拜跪

上入○

下平●排對

下上●敗壞

下去○

下入○

求上平●間隔

上上●筧水・梘車・繭虫

上去●隔樣

上入○

下平●燈一

下上●勁梗

下去○

下入○

氣上平●開闢

上上●凱奏

上去●覆物

上入○

下平○

下上●勘倚

下去○

下入○

地上平●鮡鮎

上上●返匪・汲尿

上去●店飯

上入○

下平●臺樓

下上●冇冇・佃戶

下去○

下入○

新編《八音定訣》

- 頗 上平 ○
- 上上 ● 惡好
- 上去 ● 派瓜
- 上入 ○
- 下平 ○
- 下去 ○
- 下入 ○
- 他 上平 ● 他人・臺天
- 上上 ● 疳瘡
- 上去 ● 態體・太爺・泰山
- 上入 ● 汰水
- 下平 ● 刣割
- 下上 ● 待等

- 下去 ○
- 下入 ○
- 曾 上平 ● 災殃
- 上上 ● 宰相・指手・淬渣
- 上去 ● 薦人・荐草
- 上入 ○
- 下平 ● 前後
- 下上 ● 在自
- 下去 ● 儳船
- 下入 ○
- 入 上平 ● 瞅裔
- 上上 ○
- 上去 ○
- 上入 ○

296 / 《八音定訣》整理及研究

（上段，自右至左）

下平 ○

下上 ○

下去 ○

下入 ○

下平 ○

時 上平 ●先後

上上 ●屎尿

上去 ●賽過

上入 ○

下平 ○

下上 ●豸五

下去 ○

下入 ○

英 上平 ●哀慘

上上 ●靉靆

上去 ●愛惜

上入 ○

下平 ●閑暇

下上 ○

下去 ○

下入 ●噯㗆

文 上平 ●覻視

上上 ●買賣

上去 ○

上入 ●示小

下平 ●眉目

下上 ●賣買

下去 ●邁老

下入 ○

語 上平　○
　 上上　●研末
　 上去　●聤(聽不)·我爾
　 上入　○
　 下平　●呆好·瘭癡
　 下上　●碍違
　 下去　●艾火
　 下入　○
出 上平　●千萬
　 上上　●捛散
　 上去　●簍吊
　 上入　○
　 下平　●蠶絲
　 下上　○
　 下去　○
　 下入　○
喜 上平　●咳嗽
　 上上　●海江
　 上去　○
　 上入　●恢畏
　 下平　●還債
　 下上　●疫門
　 下去　○
　 下入　○

八音定訣全集　39槍部

柳　上平　○
上上　●兩斤
上去　○
上入　○
下平　●量斗·糧錢·娘爹
　　　●糧米·梁工
下上　●糧戥·戥秤
下去　●讓位
下入　●錄抄
邊　上平　○
上上　○
上去　○
上入　○

下平　○
下上　○
下去　○
下入　○
求　上平　●薑菜·獐鹿
上上　○
上去　●叫喚
上入　●脚夫
下平　●強過
下上　●箕簸
下去　●共工
下入　○
氣　上平　●腔詞·姜姓
上上　○

新編《八音定訣》

上去○　上入●却拾　下平○　下上○　下去○　下入●極率　地上平●張開　上上●長保　上去●脹氣·帳羅·賬目　上入●撚拖　下平●塲戰　下上●丈姑　下去○　下入●着吉

頗上平○　上上○　上去●票牌　上入○　下平●萍水　下上○　下去○　下入○　他上平○　上上○　上去○　上入○　下平○　下上○

【上半表格，自右至左】

- 下去〇　下入〇
- 曾　上平●裟泔·槳沙·章文
- 上入〇醬荳
- 上去●撐船·蔣姓·掌手
- 上上●樟樹·蟳魚
- 上平〇
- 下平●裳衣
- 下上●癢疥
- 下去●上下
- 入上平〇
- 上上〇
- 上去〇
- 上入〇

【下半表格，自右至左】

- 下平〇
- 下上〇
- 下去〇　下入〇
- 時　上平●鑲飭·傷刀　廂西·箱籠
- 上去●相生
- 上上●想思·賞花
- 上入〇
- 下平●常平
- 下上●尚和·思心
- 下去〇
- 下入〇
- 英上平●鴛鴦
- 上上●養子·攙水

上去 ○
上入 ● 勾合
下平 ● 溶金·羊牛·楊姓
● 癢爛
下上 ● 樣各　下去 ○
下入 ○
文上平 ○
上上 ○
上去 ○
上入 ○
下平 ○
下上 ○
下去 ○
下入 ○

語上平 ○
上上 ○
上去 ○
上入 ○
下平 ○
下去 ○
下入 ○
出上平 ● 鎗刀
上上 ● 搶刅·廠搶
上去 ● 唱歌
上入 ○
下平 ● 墻壁
下上 ● 象豫·像親

下去●鞦鞋

下入○

喜上平●香火

上上●響影

上去●向時

上入○

下平○

下上○

下去○

下入○

八音定訣全集 40青部

柳上平●呢喃·乳阿

上上●染布

上去●企強

上入●眙目

下平●簾門·擰衫·年月

下上●連川·哷大

下去●莉菜

下入○

邊上平●摀挩·鞭馬·邊四

上上●扁魚

上去●柄頭·變改

上入●鱉龜

下平●棚戲・平正・
上上●並齊・抨戲
下上●辛頭下去●病痛
下入○
求上平●黐餅・經布・更三
上上●庚子・堃黃
上上●榾打・鞭嘔
上去●架几・見相
上入●搞石
下平●墘溪
下上●技藝
下去○ 下入○
氣上平●坑山
上上○

上去○
上入●缺破
下平●鉗銕
下上○
下去○
下入○
地上平●甜糖
上上●底到
上去○
上入●蒂柿
下平●纏絆
下上●鄭姓
下去○
下入●碟碗

頗								他					
上平● 篇一	上上○	上去● 片成	上入○	下平● 彭姓·評論·澎湖	下上● 鼻口	下去○	下入○	上平● 天地·添加	上上○	上去● 橙椗·下抵·閂門	上入● 鐵銅	下平● 提高	下上○

曾									入			
上平● 罈條·精妖·晶水	下去○	下入○	上上● 爭相	上去● 井水·整幼	上入● 箭弓·燖瓜	下平● 接客·摺金	下上● 錢銀·晴雨	下去● 靜寂	下入● 折摁·舌嘴	上平○	上上● 邇遠·爾我·耳目	上去○	上入○

新編《八音定訣》／ 305

下平〇
下上〇
下去〇
下入〇
時上平●鉎鼎·生死
上上〇
上去●姓名·扇風·性心
上入〇
下平●豉桃
下上●豉豆
下去〇
下入●蝕消
英上平●嬰子·英田
上上●萌發

上去●燕尾上入〇
下平●梞桶·丸藥·圓團
下上●員紅
下去●易難·院書·異奇
下入●矣乎
下去〇 下入〇
文上平〇
上上●眲賖
上去〇
上入●乜事
下平●縣紗·夜日
冥日·棉布
下上●媚話·麵麥
下去〇 下入●物件

語 上平〇
上上●雅高
上去〇
上入〇
下平〇
下上●硬 軟不
下去〇
下入●夾脚
出上平●腥熟·青紅·星月
上上●菁染
上上●醒睡·淺布
上去●刺殺
上入〇
下平〇 下上〇

下去〇
下入〇
喜上平〇
上上〇
上去●擸丟
上入〇
下平●筬梳·懸放
下上〇
下去●硯筆
下入〇

新編《八音定訣》

八音定訣全集

41 飛部

- 柳　上平　○
- 　　上上　●儡傀
- 　　上去　○
- 　　上入　●攝手
- 　　下平　●螺田
- 　　下上　○
- 　　下去　○
- 　　下入　●裂破
- 邊　上平　●飛鳥
- 　　上上　●把開
- 　　上去　●褙紙・塤水
- 　　上入　●柏松・瘢香
- 　　　　　●拍破・伯叔
- 　　下平　●賠補
- 　　下上　●倍加
- 　　下去　●焙火
- 　　下入　●白玉
- 求　上平　●刲刺・卟問・笄冠・珪璋
- 　　上上　●菓柿・粿粽
- 　　上去　●鬐頭・過去
- 　　上入　●郭姓
- 　　下平　●枷犯
- 　　下上　●低高
- 　　下入　●逆橫
- 氣　上平　●蒛藤・科場
- 　　上上　●啟拜

上去●課文
上入●缺欠·闕宮·客賓
下平●跬足
下上○
下去○
下入○
地上平●趵腳
上上●短長
上去●塊機·從人·戴姓
上入●啄鳥
下平○
下上○
下去●代朝·袋布
下去●埭頭·地天
下入●奪搶

頗上平●摎輕·肧猪
上上○
上去●配匹·帕手
上入○
下平●皮肉
下上●被褥
下去○
下入●胹泥
他上平●撑船·胎孕·推托
上上○
上去●退進·橙抵
上入○
下平●提岸
下上●蠣蚶·蚱蟶

下去〇
下入●宅厝
曾上平●賣奉·災着·齋奉
上去〇
上上〇
上入●仄平
下平〇
下上●坐位
下去〇
下入●絕死
入上平〇
上上〇
上去〇
上入〇

下平〇
下上〇
下去〇
下入〇
時上平●哀身
上去●稅租·賽相
上入●刷漆·雪霜·說話
下平●垂頭
下上●滋涯
下去〇
下入〇
英上平●碼磁
上上●啞狗

上去　●袱衣·縊自·拽拖
上入　●呃吐
下平　○
下上　●下上·廈門·禍災
下去　○
下入　○
文上平　●咩小·羊聲
上上　●碼石·咪快
上入　●卜不
下平　●采（也冒）·糜飯·憖惑
下上　●罵相
下去　●未也·妹姊
下入　●襪衫·襪鞋

語上平　○
上上　●睏（視眠）
上去　○
上入　○
下平　●鯢鯨·猊獅
下上　●硬殼·藝技·秋（也種）
下去　○
下入　●夾死·月日
出上平　●吹簫·炊粿·箏風
上上　●批手·玭玉·髓骨
上去　●厠屎
上入　●喢湯·策書
下平　●箠火
下上　●尋相

下去 ○

下入 ○

喜上平 ● 醯醋・咳嗽・灰燒

上上 ● 夥記

上去 ● 歲年

上入 ● 宿工・歇店

下平 ● 溪待・畦田・和尚

下上 ● 復禮・回往

下去 ● 會招・禱神・薈省

下入 ○ ●系世

八音定訣全集

柳上平 ○ 42超部

上上 ● 蓼菜

上去 ○

上入 ○

下平 ● 藔草・撩理

下上 ● 繚秤

下去 ● 炂（火大）

下入 ○

邊上平 ● 標（也擧）

上上 ● 裱諧

上去 ● 俵散

上入 ○

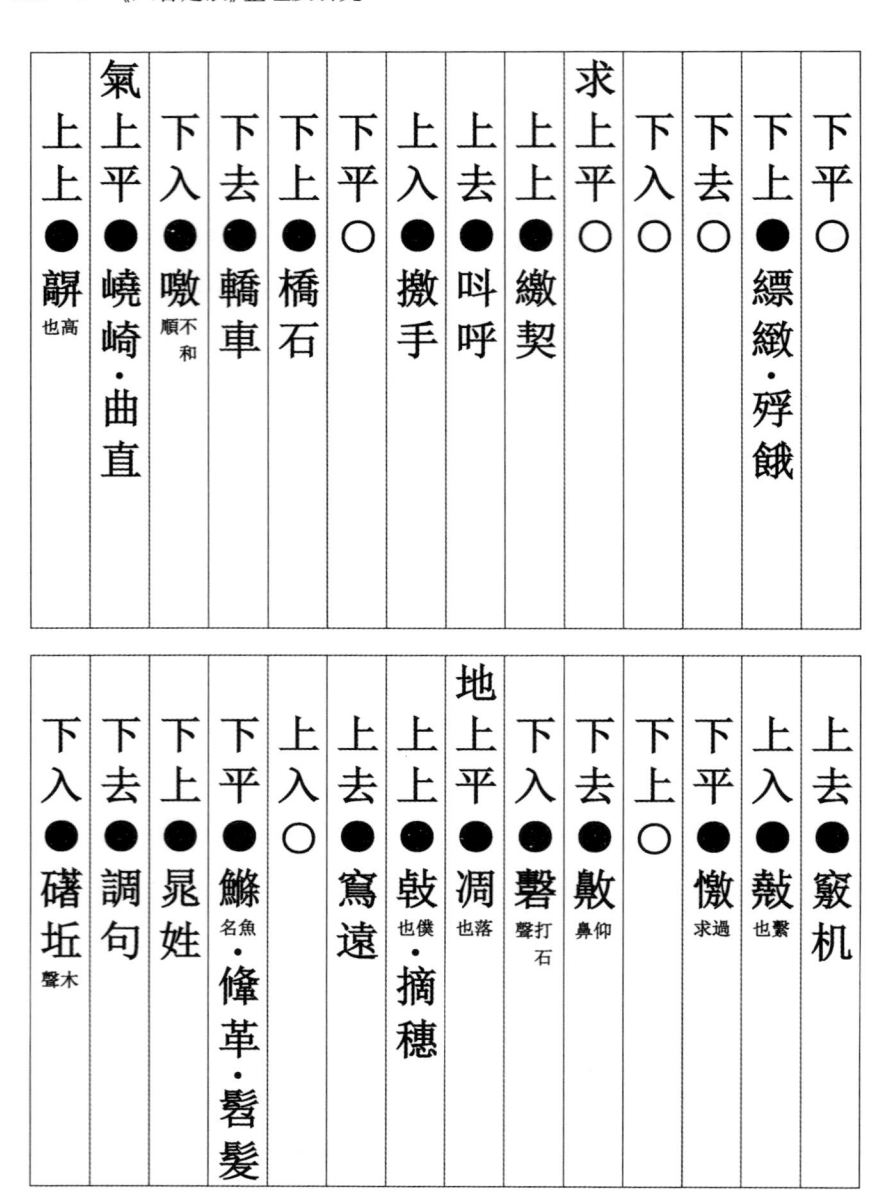

上上	氣上平	下入	下去	下上	下平	上入	上去	上上	求上平	下入	下去	下上	下平
●	●	●	●	●	○	●	●	●	○	○	○	●	○
骱也高	嶢崎·曲直	嗾 順不和	轎車	橋石		撆手	叫呼	繳契				縹緻·孕餓	

下入	下去	下上	下平	上入	上去	上上	地上平	下入	下去	下上	下平	上入	上去
●	●	●	●	○	●	●	●	●	●	○	●	●	●
磋垢 聲木	調句	晁姓	鰱 魚名·俸革·鬌髮		寫遠	攴 也僕·摘穗	凋 也落	磬 聲打石	敷 鼻仰		懊 求過	戴 也繫	竅机

新編《八音定訣》／ 313

頗上平●蔗苴·驢馬·鑢鉄·焱犬
上上●醇酒·摽落·膘脾
上去●瞟 布白
上入○
下平●瓢匏
下上○
下去●勳 也剝
下入○
他上平●庞仔·軱輕
上上●窅 遠深·眺明
上去●耀羅
上入○
下平●鮡花
下上●柱石

下去○
下入○
曾上平●釗 也遠
上上●屄陰
上去●譙詞·詔書·鎪籠
上入●跾 高跳
下平●顓頜
下上○
下去○
下入○
入上平○
上上●擾亂
上去○
上入○

314 / 《八音定訣》整理及研究

上上●藃草·夭節·皛明	英上平●嚶_{聲虫}	下入●捎折_{聲木}	下去●佋價·紹繼·邵姓	下上○	下平●韶樂·䘵尿	上去●咲_{笑自}·數算　上入○	上上●蕭姓	時上平●綃絲·翛羽·蛸虫	下入○	下去●尿屎	下上○	下平●嬈媚·褺衣

（上面「聲虫」「聲木」「笑自」為小字旁註）

下入○	下去●玅精·妙好	下上○	下平●描畫	上入○	上去○	上上●渺冥·淼_{杳水}	文上平○	下入●哈_{聲鳥}	下去●燿_{光火}	下入○	下平●鷂雉·窰灰·姚姓	上入○	上去●要切

語 上平 ○
上上 ○
上去 ○
上入 ○
下平 ●蕘薪·堯舜
下上 ●鼼
下去 ●嗅（也叫）
下入 ○
出上平 ●昭鳴·弨弛·超越
上上 ●䝤忪（也穆／也憂）
上去 ●峭峻·阶險·哨詉
上入 ●楒打
下平 ●鍬畚·迢遠
下上 ○

下去 ○
下入 ○
喜上平 ●僥反·囂喧·鴞鳥
上上 ●厹小（也白）
上去 ●孝悌
上入 ●謔戲
下平 ●嫐嬲
下上 ○
下去 ○
下入 ○